第43回
（令和4年度）

海外子女文芸作品コンクール

地球に学ぶ

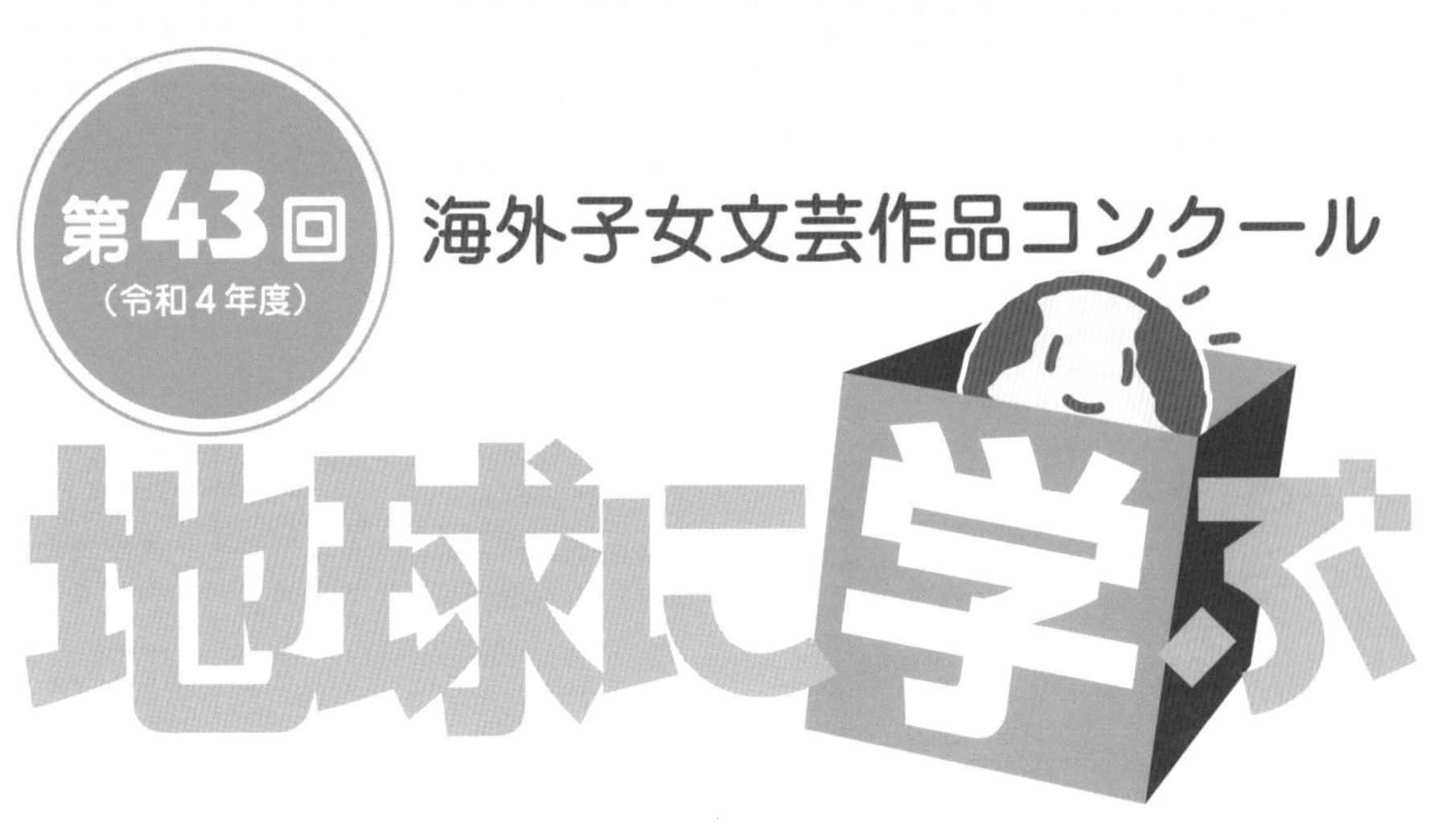

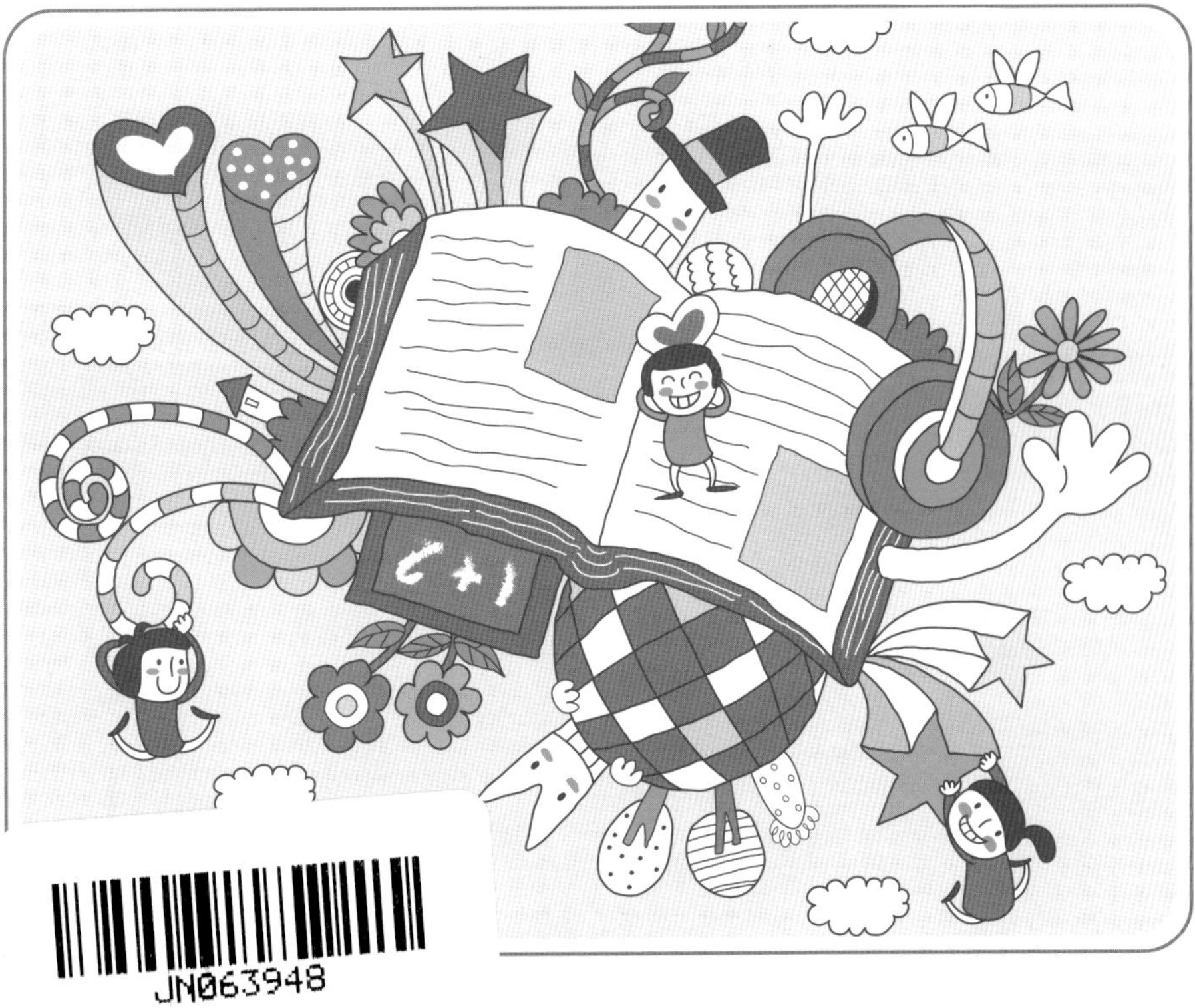

公益財団法人　海外子女教育振興財団

第43回　海外子女文芸作品コンクール

最終審査会／令和四（二〇二二）年九月二十二日

主　催／公益財団法人 海外子女教育振興財団

後　援／外務省
文部科学省
日本放送協会

協　賛／公益財団法人　ＪＦＥ21世紀財団
東京海上日動火災保険　株式会社
日販アイ・ピー・エス　株式会社
一般財団法人　日本児童教育振興財団
クラーク記念国際高等学校

▼最終審査会の様子

「選考者」一覧

（順不同・敬称略）

▼本審査員

八木幹夫　詩人（「詩」の部）
谷岡亜紀　歌人（「短歌」の部）
髙柳克弘　俳人（「俳句」の部）
宮地敏子　児童文学者
大越邦生　元アグアスカリエンテス日本人学校　校長
宮崎活志　文部科学省
佐藤勝司　公益財団法人　ＪＦＥ21世紀財団
金子昌弘　東京海上日動火災保険　株式会社
村上雅史　日販アイ・ピー・エス　株式会社
栗岩英雄　一般財団法人　日本児童教育振興財団
田中靖夫　クラーク記念国際高等学校

▼詩　予備審査員

八重澤勇一　元サンディエゴ補習授業校　校長

▼作文　予備（第一次・第二次）審査員

江口俊昭　元ロンドン補習授業校　校長
大越邦生　元アグアスカリエンテス日本人学校　校長
岡山真崇　長久手市立北中学校　校長
小林寿美　足立区立第四中学校　主幹教諭
滝　多賀雄　全国海外子女教育・国際理解教育研究協議会　会長
八重澤勇一　元サンディエゴ補習授業校　校長
山崎千晶　横浜市立舞岡中学校　教諭
山下　亮　元船橋市立高根東小学校　校長

地球に学ぶ

目次

第43回 海外子女文芸作品コンクール

▶目　次（「詩」の部）

▼特選作品

▶目　次（「詩」の部・「短歌」の部）

優秀作品

目　次（「俳句」の部・「作文」の部）

『えいごと音がく』
ロサンゼルス補習授業校（サンタモニカ校） 武智理紗

『ぼくとタクシー』 ウェールズ補習授業校 松浦朝大

『せかいドサ回り』
ニューヨーク育英学園サタデースクール（NJ校） 能登大賀

『れいぞうこがこわれた』
ニューヨーク育英学園サンデースクール リン 海声

『スーパーヒーローの日』
ヨークシャーハンバーサイド補習授業校 佐々木仁之

『東京とロンドンの地下鉄』 ロンドン補習授業校 北川宗侍

『おいわいの国メキシコ』
モンテレー補習授業校 高巣友彰

『わたしのおうちのヘルパーさん』
香港日本人学校大埔校 ボベッティ杏奈

《小 三》

『日本でカルチャーショック』
ニューヨーク育英学園サタデースクール（ポートワシントン校） 熊谷海音

『「すみません」という言葉』
ニューヨーク育英学園サタデースクール（ポートワシントン校） 上田 明

『ぼくのプチようほう体けん』
カンタベリー補習授業校 麻生孝佑

『まほうのたいやき』
ヨークシャーハンバーサイド補習授業校 ジェームズ珠乃

『ぼくのい場所』 ダービーシャー補習授業校 エルゴザミィジェイク

『学校で学んだウクライナせんそう』
デュッセルドルフ補習授業校 小林 春

《小 四》

『楽しむ幸せ』 ヒューストン補習授業校 倉橋孝四郎

『初めての日本人の友達』
デュッセルドルフ補習授業校 江塚万莉

『ロウレルとの特別な夏休み』
韓国・ブンダン日本語補習授業校 藤井智希

『父とわたしの茶わんむし』
韓国・ブンダン日本語補習授業校 荒木亜凛

『チャレッタじゃないけれど』
韓国・ブンダン日本語補習授業校 呉本慧俐

『カタツムリが教えてくれたこと』
トロント補習授業校 手嶌華菜

《小 五》

『インターでの一年』
個人応募（シンガポール在住） 河野淳之介

『僕が政治家になったら』 コロンボ日本人学校 村上友悠

『コロナかの再会』 ダービーシャー補習授業校 田畑凜乃介

目　次（「作文」の部ほか）

第43回　海外子女文芸作品コンクール

「学校賞」受賞校一覧

▼イーストテネシー補習授業校（アメリカ）
▼イスラマバード日本語クラブ（パキスタン）
▼オークランド補習授業校（ニュージーランド）
▼おひさま日本語教室（ニュージーランド）
▼カイロ日本人学校（エジプト）
▼韓国・ブンダン日本語補習授業校（大韓民国）
▼シカゴ日本人学校（アメリカ）
▼ジッダ日本人学校（サウジアラビア）
▼ジャカルタ日本人学校（インドネシア）
▼ダービーシャー補習授業校（イギリス）
▼デュッセルドルフ日本人学校（ドイツ）
▼デュッセルドルフ補習授業校（ドイツ）
▼ニューヨーク育英学園（全日制）（アメリカ）
▼ニューヨーク育英学園サタデースクール（NJ校）（アメリカ）
▼ニューヨーク育英学園サタデースクール（ポートワシントン校）（アメリカ）
▼ニューヨーク育英学園サタデースクール（マンハッタン校）（アメリカ）
▼ニューヨーク育英学園サンデースクール（アメリカ）
▼パナマ日本人学校（パナマ）
▼香港日本人学校大埔校（中華人民共和国）
▼南インディアナ補習授業校（アメリカ）

（二十校、五十音順）

《学校賞の趣旨》
学校賞は、『海外子女文芸作品コンクール』において優秀な成績をあげた日本人学校、補習授業校や、生徒数に比して多数の応募のあった学校に対し、その栄誉と努力を表彰するため、第七回コンクールから設けられたものである。

第43回 海外子女文芸作品コンクール

「詩」の部

「詩」の部
総　評

『話すことも立って歩くこともできない子ども』

八木幹夫（詩人）

小田島誠慈さん（『ドイツ語が苦手でよかった』文部科学大臣賞）はドイツ語が上手に話せないことを逆に気持ちを切り替えて絵でコミュニケーションをはかりました。そこから一気に友達が生まれ、世界が変化しました。またキング雪乃さん（『それがいいんだ』）も小さい事が何にもできない基準にされることを拒否するしっかりとした主張です。この二つの作品は七十年前の幼い私のことを思い出させました。

五歳になるまで、選者の私は話すことも立って歩くこともできない子どもでした。戦後の食糧事情のためか、虚弱な体質で生れたためか、原因はよくわかりません。いそがしい仕事の合間をくぐって母親は毎週、私を背負って病院通いをしました。四歳違いの弟が立って歩きだしても、小柄な私は畳の上を這いまわるだけ。近所の子どもたちが家の周りで走り回っている時も私は布団の上でした。小学校に入学する直前にやっと立ち上がって喋り出したと姉や兄が教えてくれました。学校の成績も当然よくありません。優等生の弟はお兄ちゃんの状態を恥ずかしく思ったそうです。

私は五歳までのことを本当は写真画像のように鮮明に覚えています。しかし言葉が出てこなかった。どう言えばいいのかがわからない。勉強は大嫌いでした。学校から帰ると犬を連れて外に遊びに出て夕暮れまで帰らない。歩くことや走ることができるのが嬉しくてたまらなかったのです。ぼんやり丘の上で夢想にふけることも好きでした。遊びまわる私を見守っていた父はあまりにも成績が悪いので担任の女先生に「日本語だけでも教えてやって下さい。」と頼んだそうです。

小学校五年生の時です。こっそり帰ろうとする私は下駄箱(げたばこ)で先生に呼び止められ、毎週土曜日の放課後は「漢字書き取り」とローマ字の猛特訓(もうとっくん)。いのこり勉強です。最初は恥ずかしかったけれど、指に瘤(たこ)ができるほどノートに漢字やローマ字を書きました。反復練習です。文字の意味がわかると今まで手にしたこともない冒険物の本を読みました。言葉の向うには広大な世界があることも分かりました。いままで堰き止められていた壁が一気に崩れ、頭の中がスッキリしました。でもなにかが遠去かっていくのも感じました。(これは今でも私の宿題です。)

私はできの悪い生徒でした。でも何度も練習することは欠かしませんでした。その後、英米の詩を勉強しましたが、これも同じです。いつからか向うから光が射してきました。

劣等感や孤独に苦しんでいる皆さんの様子を見ると、「大丈夫、なんとかなる」と励ましたくなるのです。今回は私自身のことを語りましたが「生きることの強さ」を感じさせる作品にもっと触れたいと思いました。困難なことは目の前に沢山あります。海外にいる皆さんはそれをひとつひとつ解決する力を持っています。来年も素晴らしい作品を待っています。

「詩」の部　受賞作品

▼文部科学大臣賞

『ドイツ語が苦手でよかった』

デュッセルドルフ日本人学校
（ドイツ）
中二　小田島（おだじま）　誠慈（せいじ）
（海外滞在年数十一年十カ月）

物心ついた頃からドイツにいた
その前の日本の記憶は全くない
だから　ドイツにいることが自然だった

でも　ドイツ語がなかなか話せなかった
友達が言っていることは
なんとなくわかるのに
自分の言いたいことが言葉にできない

ドイツ語ができなかった

身振り手振りでがんばった
絵を描いて自分の気持ちを伝えた

幼稚園のホール
みんなは一緒に遊んでいる
僕は入りたいのに入れない

運動場
僕はみんなで鬼ごっこをしたかったのに
うまく説明できなくて
みんなが好きなかくれんぼになった

もっとドイツ語が話せたら
もっとドイツ語でうまく説明できたら

＊（　）内は滞在国・地域を表し，アメリカ合衆国については州名を記載。
海外滞在年数は2022年７月現在の年数を記載。

でも
ドイツ語をうまく話せなかったから
僕は絵を描くことを覚えた

絵を描いて　みんながうなずいてくれると
うれしかった
絵を描いて　みんなと笑えたのが
楽しかった

あのときドイツ語をスラスラ話せていたら
僕は絵を描くことが
こんなに好きにならなかったかもしれない

僕の夢は漫画家
小さかった頃の寂しかった経験が
僕の大きな夢につながった

悲しい思いをしている人に
僕は絵で　希望を届けたい
悩んでいる人の心を
僕は絵で　明るくしたい

僕の夢は漫画家
僕の苦手だったものが
今の　そして　未来の僕をつくっている

僕はドイツ語が苦手でよかった
「苦手でよかった」なんて変かもしれない
でもそれが　僕の夢につながっている

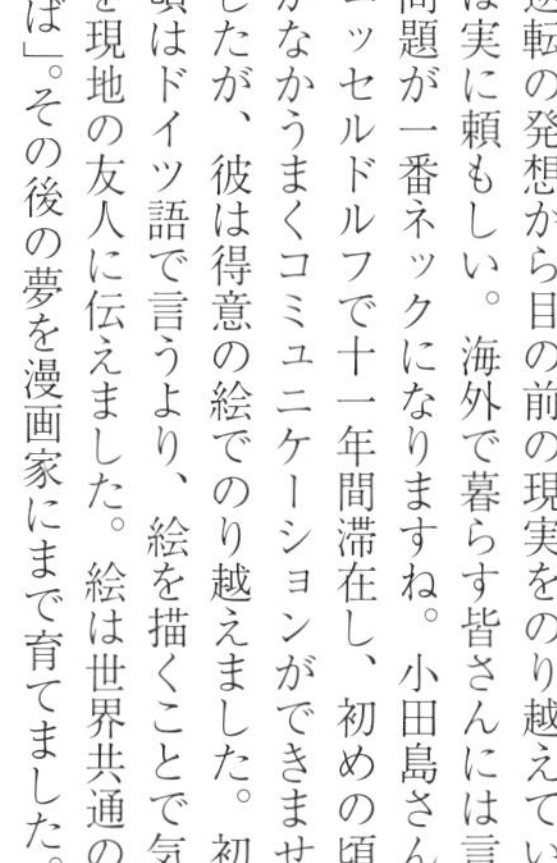

評　逆転の発想から目の前の現実をのり越えていく姿は実に頼もしい。海外で暮らす皆さんには言葉の問題が一番ネックになりますね。小田島さんはデュッセルドルフで十一年間滞在し、初めの頃はなかなかうまくコミュニケーションができませんでしたが、彼は得意の絵でのり越えました。初めの頃はドイツ語で言うより、絵を描くことで気持ちを現地の友人に伝えました。絵は世界共通の「ことば」。その後の夢を漫画家にまで育てました。

▼海外子女教育振興財団会長賞

『ぼくの願い』

イーストテネシー補習授業校
（テネシー州）
中一　佐野太祐
（海外滞在年数三年二カ月）

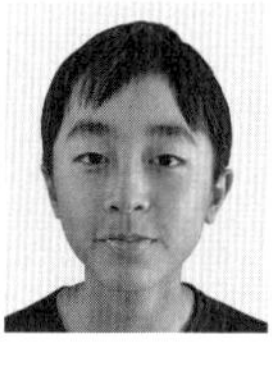

ぼくは　アメリカの大自然の中で
幸せに暮らしている
でも今
戦争というものが
人々の幸せを破壊している

戦争

ぼくは　歴史の授業で習うもので
生きているうちに
経験するとは思わなかった
今　恐怖や苦しみに耐えながら
毎日を送っている人々がいる

今　爆弾の音を耳にしながら
命の危機を感じている人々がいる
そんなことを
ぼくは他人事だと思っていた

でも　そうではなかった

ある日
ぼくの学校に
ウクライナから生徒がきた
この子を
校長先生が旗を持って出迎えた

ぼくは　はっとした
初めて
戦争が身近に感じられた

ぼくも　この子と同じように
別の国からきた
だけど
来た理由は全く違う

この子は
どんな想いでいるのだろうか

この子にも　ぼくと同じように
楽しい時間を送ってほしい

笑ってほしい

言葉が違っても　文化が異なっても
ぼくは　アメリカの友達と
笑顔で楽しい時間を送っている

このことが　どれだけ貴重で大切か
気付くことができた

なぜ　戦争が起きているかは分からない

ぼくはただ
世界中の人々が　笑顔でいっぱいの
幸せな毎日を過ごしてほしい

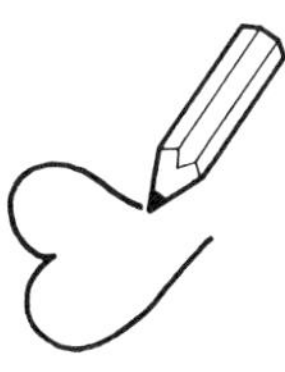

評　ロシアとウクライナの戦争が遠いところで起こっている。そう思っていたのですが、決してそんなことはない。特に海外で暮らす皆さんは世界の情勢と密接に繋がっています。ご両親の仕事場は世界と連携しています。ウクライナの生徒が同じ学校に転入してきたことで一層「戦争や平和」が現実味を帯びてきました。「戦争」が仲間の級友に襲いかかっている。これは歴史の授業ではない。生々しい現実への祈りの作品となりました。

▼日本放送協会賞

『私は日本人』

ニューヨーク育英学園（全日制）
（ニュージャージー州）
小六　笠間リヅ
（海外滞在年数四年三カ月）

私は日本人
日本で生まれて日本で育った
アメリカでも過ごしたけれど
やっぱり私は日本人

日本の昔の古い家
日本人ならわかるかな
庭の池は世界の海で
小川は世界の川だって
木々は世界の大木で
他にもある象徴の数々
みんな言われなくてもわかるかな

でも私は知らなかった
日本の文化を知らなかった
歴史も授業ではじめて知った
日本人なのに
知らなかった

私たちは大きな木
文化と歴史は長い根
その根を元に大木は
無数の枝葉を伸ばしてく
そしてこれからも永遠に
高く高く伸び続ける
でも根を大事にしていかないと
新しい枝は伸ばせない

日本の歴史と文化は
私たちが誇るべき宝物
これまでちゃんと残ってて
受け継がれてきた宝物
私もこの根を次世代に
受け継がなくてはならないね

私は日本人
日本の文化を学んでる
歴史もまだまだ学んでる
そして学びを重ねるたびに
私の枝は伸びてゆく
少し少しと伸びてゆく
ずっとずっと永遠に

評　笠間さんは大切なことに気付きました。日本人であるとはどういうことか。日本人学校で日本の歴史や文化を学ぶうちに自分の根っこにあるものがとても重要だと思うようになりました。木は土台である根から歴史や文化を吸い上げてはじめて大樹になるということ。庭の池は世界の海、小川は世界の川。小宇宙の中に世界が象徴(しょうちょう)されていることを日本人は歴史や文化の伝統として知っています。笠間さんの胸にある大樹よ、大きく育て！

▼JFE21世紀財団賞

『七人乗りのバイク』

イスラマバード日本語クラブ
（パキスタン）
小三　藤崎　巴吏秀
（海外滞在年数四年）

パキスタンのバイク
家ぞく全員が乗っている
七人乗っているのを見たのが
さい高記ろく

十五さいくらいの子どもを乗せていた
学校のせいふくで運転している人がいた
かれらはめんきょを持ってるのかな？

一番後ろでおかあさんが
りょう手で赤ちゃんをだっこしている
おっこちたらどうするのかな？
お父さんの前に
子どもが三人もすわっている
ガソリンをどうやって入れるのかな？

雨がふったらどうするのかな？
台風になったらどうするのかな？
事故にあったらどうするのかな？
こしょうしたらどうするのかな？
子どもがふえたらどうするのかな？
ガタガタの道に行ったらどうするのかな？
急ブレーキをかけたら
後ろのおかあさんはどうなるのかな？

バイクはみんな日本せい
だけど
ぼくはバイクに乗りたくない
それは
みんながヘルメットをかぶっていないから
とてもあぶないと思うから

バイクにヘルメットなしで
家ぞく全員が乗るのが当たり前みたい
でも
やっぱりぼくはこわいな

評　パキスタンの路上で見た光景。家族全員七人が一台のバイクに。いくらなんでも定員オーバー。お父さんは責任重大です。パキスタンは現在、経済開発に一生懸命取り組んでいる国ですね。こんな定員を超過して働く姿は交通違反を訴える前にやはりその国のパワーを感じます。しかも日本製のバイクに乗っているというのも象徴的。かつての日本も戦後の日本人は必死で働き、現在の経済復興を成し遂げたのです。ああ、昔のニッポン。

▼東京海上日動火災保険賞

『船で食べた生ホタテ』

オークランド補習授業校
（ニュージーランド）
小五　柿沼（かきぬま）　泰佑（たいゆう）
（海外滞在年数十一年三カ月）

父さんと釣りに行った
父さんの友達と行った
朝早く起こされて
眠気がまだ残っていた
外はまだ薄暗く、
涼やかな風がただよっていた

白くて開放感のあるボートには
大きなエンジンがついている
海に浮かべると
ギュインと音を立てて
海の中にダッシュした
十分ほど水しぶきを上げながら走ったら
一しゅん、海の中でとまった
辺りはシーンとしていた
鉄のおもりがついた大きなあみを
大人二人がかりでていねいに落とした
あみはフワッと海の水面に広がって
見えなくなった

しばらくして落としたあみを引き上げた
今度も二人がかりで
くさりを見事に引っ張り出した
どっさりと底に何かがたまっていた
中にはギザギザした深緑の海藻や
だいだい色のヒトデや
小さくて動きの速いカニが入っていた
父さんが僕の手のひらに
ヒトデをのせてくれた
英語の名前の通り本当に星みたいだと思った

そして大きなホタテもたくさん入っていた
ホタテは僕の手のひらと同じサイズの貝だ
表面はザラザラし、
ところどころ海藻がついていた
父さんが軍手で力強くぱかっと開けてくれた
片方のカラをヘラのようにしてくりぬいて
ホタテをすすった
ぷりぷりしてうまかった
ほんのり甘く、塩の味が口に広がった

細長く切ったぬるぬるしたイカを
つりばりにさした
つり糸をゆるめて、静かに海にたらした
しばらくするとしん動が来て
リールをすばやくまいた
僕はどんな魚だろうとワクワクした
すさまじい動きの鯛が二匹かかっていた
あざやかなピンク色の鯛は、
一匹小さかったから海に戻した
その小さな鯛は
すいすい泳いで視界から消えた

ふと空を見上げると、
真っ青な景色が広がっていた
太陽の強い光が反射して
サングラスをしていてもまぶしかった
波がチラチラと光って
まるでダイヤのようだった

評　まだ薄暗い早朝の海上で仕掛けた網に入っていたのは海藻やヒトデやカニやホタテ。軍手でお父さんが開けてくれたホタテをすするとうまい！柿沼さんはこの味が忘れられない。さらにイカを餌に鯛を釣る。釣りに夢中になっていると自然の景色を見忘れやすいのですが、空は快晴。その美しさを「波がチラチラと光って／まるでダイヤのようだった」と表現しています。忘れ難い経験ですね。生ホタテとダイヤの光を放つ波。

▼日販アイ・ピー・エス賞

『ぼくの大すきな場所』

南インディアナ補習授業校
（インディアナ州）
小三　堀田（ほった）悠翔（ゆうと）
（海外滞在年数一年三カ月）

ぼくの大すきな場所バックヤード
アメリカに来てもう一年
インディアナ州のぼくの家
大きなお家の大きなうらにわ
大きなやなぎの木が二本ある
ぼくがすきなことがたくさん出来る
バックヤードってすごい

春のバックヤード
青々としたしばふ　ふっさふさ
ねころがるとすっごく気もちいい
でも野うさぎのころころふんにちゅうい
水やり　しばかり手入れがすごく大へん
スプリンクラー　シューシュー
しばかりき　ブィーンブィーン
かりたて　とってもいいにおい

夏のバックヤード
やなぎの木の葉っぱがもう地面につきそう
セミ　チョウ　トンボ　虫たちも元気だ
バーベキュー　すみのにおいがこうばしい
大きいほねつきアメリカンビーフ
ジュージュー　日ざしも強い
インディアナ州の鳥たちは　とてもカラフル
オレンジ　赤い鳥　そして　ブルーバード
鳥の子もり歌　ゆらゆら木かげでお昼ね

秋のバックヤード
だんだん日がみじかくなってくる
どんどん葉がおちてくる
キャッチボール　サッカー　バスケ
スポーツいっぱいれん習できる
青いしばの上に黄　赤　茶色のおち葉

ふんだら　クシャクシャ　パリパリ
広くておち葉ひろいが大へんだ
シカの親子もときどきあそびに来るよ

冬のバックヤード
トルネードがやって来た
となり町で大さいがい　大こう水　心配だ
ぼくのバックヤードもぐちゃぐちゃ
大きいえだもいっぱいおちてあそべないよ
だけどぼくの家は　とばされなくてよかった
大雪だ　バックヤードがまっしろだ
こおりがキラキラ光ってきれい
ラジコンカー　こおりの上を走らせる
スリップスリップ　せいぎょふのう
雪で休校だ　さぁ　雪だるま作ろう
虫たち　動物たち　どこにきえちゃったの
においもない雪の国

ぼくの大すきなバックヤード
そして春だ　一年たった
めがいっせいに出てきた
はじめてこの家に来た時といっしょ
一面まっ白　わたげのふぶき
ぼくの大すきな場所　バックヤード

評　バックヤード（裏庭）に沢山の動物がやって来るんですね。野うさぎ、赤い鳥青い鳥、カラフルな鳥。セミ、チョウ、トンボ。春の芝生、冬の大雪や氷上の遊び。堀田さんは伸び伸びと南インディアナの生活を楽しんでいます。平和であることがこの喜びを与えてくれることにつながっています。堀田さんが好きな場所とは自分の一番身近にある場所。鹿の親子がやってくる裏庭なんて日本では決して味わうことができません。うらやましい。

▼日本児童教育振興財団賞

『それがいいんだ』

オークランド補習授業校
（ニュージーランド）
小六　キング　雪乃（ゆきの）
（海外滞在年数十一年七カ月）

私は小さい。
幼稚園では一番小さかった。
小学校でも一番小さかった
中学校でも一番小さい
クラス写真でもいつもおんなじ所。
カパハカパフォーマンスでは一度も前に行けなかった
一番前はいつも大きい子達。
制服だって一番小さいサイズ
足もみんなより小さい

私は小さいんだもん。
でもね　私は力があるんだ。
大きい子と腕ずもうでは負けない

私は強い
重い荷物だって運べるんだ
ボルダリングだってできるんだ

私は強いんだもん。
「あなたは小さいからできない。」って言われた事もある。

見た目で判断しないでよ。
とってもさみしくなっちゃうよ。
小さくたって　大きくたって　みんなはみん
なで違うんだよ。

小さいのもいい事
大きいのもいい事
みんなユニーク、それがいいんだ。

評　背丈が低いとそれだけで集団の中では差別の対象になる。そんなことは不合理だ。負けないぞとキングさんは勇気をふるいおこします。腕相撲では大きい子にも負けない。ボルダリングだってできる。バスケットボールの選手を見れば、二m以上の身長に混じって小柄な選手がボールカットやパス回しのスピードで大活躍。大きい人を圧倒する。小よく大を制す。小さいのもいい事、大きいのもいい事。やっぱりそれがいいんだね。

▼クラーク記念国際高等学校賞

『とけいと時間』

サンフランシスコ補習授業校
（カリフォルニア州）
小四　藤田瑛心
（海外滞在年数九年九カ月）

とけいがときときすすんでく、
うれしいときでもすすんでく、
かなしいときでもすすんでく。

時間はときときすすんでく、
楽しいときでも、おこったときでも、
時間はいっつもうごいている。

まわりはいっつもうごいてる。
さかなもくるまもうごいてる、
子どももおとなもうごいてる。

一秒一秒すすんでる。
時間はいっつもうごいてる。

評　見える時間と見えない時間。藤田さんは時の不思議さに気付き始めたようですね。とけいの針は短針長針どちらも確実に動いています。「さかなもくるまも子どももおとなもうごいてる。」と表現しているのは、時間が目に見える。モノが動くことで時間が分かってくる。でも見えない時間もこの世界には存在する。嬉しい時、悲しい時の時間、その時間もすすんでいく。この詩は時計の向う側にある時間を発見したのかもしれません。

「詩」の部 特選作品

『おい、ちきゅう』

オースチン補習授業校（テキサス州）小二 石井タイラ
（海外滞在年数八年三カ月）

おい、ちきゅう
あついぞ　ちきゅう
おい、どうした?

だれがそうした?
だれのせいだ?
ごみのせいか?
むだづかいのせいか?
それはぼくだ
ぼくのせいだ
ごめんよ、ちきゅう

おい、人間
力をあわせろ、人間

きれいなちきゅうを
　とりもどそう

まっていろよ、ちきゅう

評　「おい、ちきゅう」と呼びかけられビクッとしたのは誰でしょう。石井さんの簡潔な声で私たちはうしろを振り返る。無駄なことはしていないか、二酸化炭素の排出量はどうか。温暖化のために海面上昇で少数民族の島々が沈没する。水害や大規模な火災の多発。これは地球温暖化が原因だと言われています。こともあろうにこんな時に戦争までしている。目を覚ませとタイラさんは言っています。「おい、人間／力をあわせろ、人間」。

『大好きなカナダの大自然』

トロント補習授業校（カナダ）小四　手嶌華菜
（海外滞在年数一年）

カナダでは十一月に入ると
雪雲が　ぐんぐん空にうかぶ
夏は青空だったのに　はい色の空
うれしい　雪だと思ったが
毎日　雪かきをすると　心はしぼむ
でも　どっさり雪がふると　ソリができる
日本で　しばふの上を　すべったように
ダンボールを使って　姉と雪の上で
すべってみる　ふかふか雪はすべりにくい
次はビニールをはりつけた
何度もかためてすべると　どんどん速くなる
楽しくて　いろんなソリを作った
一人用　二人用　スキー板タイプ
米の入っていたふくろもよくすべる
「今日は川べ歩いて行こう。」
父がマイナス二十度の中　ぼうけんに
つれて行ってくれた
一月になると　川がこおっていた
夏は流れていた川が　まるで今は別世界
川の上に立った　スケート選手のように
すべってみたら　気持ちいい
二月になると　もっとおどろいた
川の水が次々に上流からおされ
川の両がわに　おしのけられている
こんなこと　見たの初めて
大きな氷のかたまりが　川の中心からおされ
歩道だったところにある
まるで特大ガラスのおしくらまんじゅう
さらに　大きな大木が　へし折られている
氷のあつみは三十センチよりあつい
姉と乗ってもびくともしない
父が　自然の大きさに気づかせてくれた
わたしは自然が大好き
いたい空気の中でも　ぼうけんに出る
こんなにおもしろい発見があるから
三月は　少しずつ氷のかたまりが小さくなる

うすくなる　気温が高い日に
氷のかたまりから　ポタポタしずくが落ちた
あの特大氷が　みるみるしぼむ
面白くてしかたない
四月になると　ガンが川を泳ぐ
しかが川を横ぎる　ブルーシェイが川を飛ぶ
生き物がよろこんでいる
スノーウェアをぬいだわたしも
心が軽くなりわくわくする
五月　カエルがたまごを生んだ
小魚を見つけた
六月　おたまじゃくしに足がはえた
小魚が大きくなった
わたしは　これからもいっぱい
カナダの大自然での発見を
楽しんでいきたい
ありがとう　カナダの大自然

評　カナダの冬の様子がとてもよく表現されています。「いたい空気」の中、お父さんと冒険。凍った川がせり上がって川岸の大木をへし折っている。氷の力に目をみはる手嶌さんは二月から三月、四月と変化を観察。雁が川を泳ぎ、鹿が川を横切る。春を迎えるといっせいに生き物が喜んでいる。マイナス二〇度から解放されてスノーウェアを脱ぐと心が軽くなると書いています。次はどんなカナダの新しい発見をするのでしょう。

『初めてのダックシューティング』

オークランド補習授業校（ニュージーランド）小五　ハンラハン　照仁（じょうじ）
（海外滞在年数八年三カ月）

ぼくのおじいちゃんやせんぞは、
セントラルオタゴ出身で、
昔から、
ダックシューティングのしゅうかんがある
おじさんたちもみんなガンをもっている

朝五時に起きてしたくした
車で牧場に行った
牧場に着いたら、車のライトで、
一匹のしかとたくさんのうさぎが見えた
よく見かけるうさぎとは、ちがう目だった
父さんが
「うさぎの肉のシチューはうまいんだよ」
と言った。

かくれ場所まで歩いた
牛までついてきた
かくれ場所までしつこくついてきて
僕らを後ろから見ていた

アヒルを呼び道具で呼んだ
先っぽがゴムで
ふくところはプラスチックでできている
僕は、アヒルを呼び続けた
ずっと呼んでいるうちに、
つまらなくなってきて、ふざけた音を出した
「クアーックアックアックアックアーッ」
アヒルが笑っているような音

「きたー。」
アヒルの頭は緑色、首が白、体が茶色、羽の
先が青、くちばしは黄色だった
父さんがガンをつかんだ
「ダン　ダンダンダン　ダン」
ヘッドホンをしていても
はっきり聞こえた
三匹うって、三匹外した
「なぜ外したの？」
と僕は思った
父さんは　下手になった、三年ぶりだから

しばらく待って、アヒルを呼び続けた
「来た来たーー。」
また外すと思ったら、今度は当たった
アヒルが、うるさくもがきながら、沼に落ちていった

スカイは、茶色で毛が短い中型犬だ
沼に落ちたアヒルを取りに行かせようとしたが、寒いので、スカイは沼に入りたくなくって、ふるえながらクンクン鳴いた

しずむと思ったアヒルの死体は、
ひょろひょろと水面にういていた
アヒルは、風にふかれて、だんだん沼のはしの方まで流された
友達のグラントが、大きいぼうをみつけてきてアヒルを取った

グラントの家にもどって、だんろの前で休んだ
けっこう歩いたので、
眠たくて足がとてもつかれていた

評　日本にも鴨場があって江戸時代から将軍の鷹狩や皇室では鴨を生け捕りにする行事が続いてきました。ニュージーランドで伝統的に行われてきたダックシューティング。狩猟民族の血が騒いだお父さん。呼び込む道具でハンラハンさんがアヒルの笑うような音を出す。すると、音にさそわれてアヒルがやってくる。お父さんがライフル銃をかまえ、撃つ。命中したもの、逃げたもの。スリリングな一日でしたね。鴨料理はどんな味でしたか。

『流れていく時間』

西大和学園カリフォルニア校（カリフォルニア州）中一　中村颯杜（なかむらはやと）
（海外滞在年数二年十一カ月）

楽しみだ
楽しみだ
ずっと待ちに待っていた一時帰国の明日
少しずつ近づいてくる輝く明日

次の日
空港の国際線ターミナルの前にいつの間にか
立っていたぼく
早く過ぎていく時間
ぼくの耳に響く機内のアナウンス
離陸の合図だ
飛行機が飛び立っていく、鳥のように
少ししたら眠りにおちていたぼく

起きているころには、飛んでいた、日本の上を
飛行機の窓から見た夕日に照らされている富士山
ぼくは感じた、日本にやっと来たということを
ぼくはわくわくしてたまらない、おじいちゃ
んおばあちゃんに会いに行くことが

数日後の夕方
ぼくはおじいちゃんおばあちゃんの家の前に
立っていた。いつの間にか
ドアを開くとすぐに迎えてくれた二人
今も忘れられない、あの時の二人の笑顔
夢のようだった、おじいちゃんとおばあちゃ
んの家で過ごした日々
楽しかった毎日
しかし、少しずつ楽しかった毎日が月のよう
に欠けていく

とうとうきてしまった最後の日
だんだんと片付いていく部屋にあった山ほど
の荷物
スマホで電車の時刻を確かめたお母さん
少しずつ過ぎていく時間
出発しなければ

見送ってくれたおじいちゃんとおばあちゃん

その時、おばあちゃんの目から涙が
ぼくの目からも自然と涙が
ぼくは手を振り続けた、最後まで
電車に乗った、空港を目指して
ゆっくりと過ぎていく時間
日本の風景が見られる最後の時
飛行機が飛びたった、赤色に輝く大空に向か
って
つらかった
苦しかった
さびしかった、日本を去ることが
そして機内で気づいた、時には楽しいことが
あり、時にはつらいことがあるということを
だからこそ、どんなことがあっても頑張り続
けよう、明日に向けて
またあの時の笑顔を見に行くために
新しい思い出を作りに行くために

評　率直に再会と別れの気持ちを書いた作品に選者もまたアメリカに住む三人の孫たちのことを思い出しました。ラインやスマホによっていつでも声をかけあうことのできる時代ですが、直接に会って、ハグしたり、笑って食事する時間の貴重なことは、他のなにものにも置き換えることができません。日本へ帰国する期待に満ちた前日から再びアメリカへ戻るまでの時間が心込めて描かれています。別れのつらさが中村さんを強くします。

『ワイタワの釣り橋』

オークランド補習授業校（ニュージーランド）中三　チャウ　優恭（ゆうすけ）　クリストファー
（海外滞在年数八年十一カ月）

ヒューヒューとなる風
風は、クーラーのようにひんやりとしている
ジャージャーとなる海
緑色に広がる、ぴかぴかと光る海
左右に踊る波
青く広がる空にまぶしく輝く太陽
海のしょっぱい匂い
しょっぱい空気
海の中をのぞくと
たくさんの小魚が泳いでいた

ワイタワの釣り橋
家族分の釣竿を橋の奥まで運んだ
僕らは、釣りの準備をし始めた
三つの釣り針のついているサビキを
シンカーとともに釣り糸につけた
豆くらいの大きさのべとべとしたイカの餌
釣れるかなと心でつぶやいた
それらは、ポンとした音を立てて
海の底に落ちていった

しばらく同じ景色を見ながら
僕は　立像のように固まって魚を待った

急にググっと釣竿が引っ張られ、
それからずっと引き続けていた
僕は急いで　右手のリールを
勢いよく回して、回して、回して
時々止めて、釣竿をちょっと上に引っ張って
またリールを回し続けた

水面に白い体がゆっくり見えてきて
暴れて泳いでいる影が見えた
僕は、興奮した
友達や弟達が近づいてきて
「おおー。」
と言っているのが聞こえた
魚を落とさないように
でも、できるだけ早く、釣り橋のフェンスを
越えて、床に落とそうとした
魚を傷つけないようにそっと落とした

お母さんが釣り針を取ろうとしたら
魚が急に動いて針が指に刺さった
隣で釣りをしていたポリネシアンのおじさん
が、指から針を抜くのを手伝ってくれた
シマメジナの大きさは、
僕の顔の二倍位だった
うろこがざらざらと眩しく光る
口からは、血が出ていた
ぬるぬるするシマメジナ
鯛のようなシマメジナ

僕は達成感で、いっぱいになった

評　魚釣り（シマメジナ）の興奮が伝わってくる作品です。釣りは忍耐力と細心の工夫が必要ですが、チャウ優恭さんは冷静な判断力を持っています。海の様子が正確に描写され美しい。リールをまわす場面などはとてもリアルで魚もやさしく釣り上げられたようです。「ぼくの顔」の二倍の大きさということは大物でしたね。釣り上げる時の重さまで伝わってきます。お母さんは間違って釣針が指に。はずしてくれたポリネシアのおじさんに感謝。

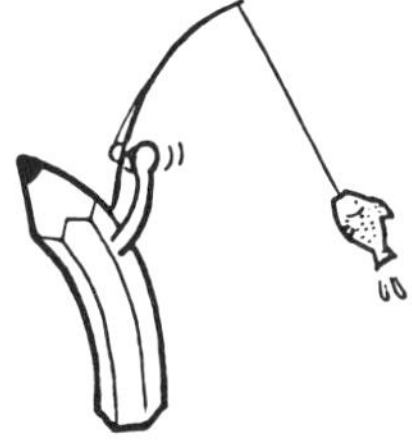

『マラエと私』

オークランド補習授業校（ニュージーランド）中三　徳田媛
（海外滞在年数四年三カ月）

マラエはマオリ族にとって聖地である
目の前の真っ赤なマラエ
赤は活動、黒は潜在、白は調和を表すと
社会科見学で習った

マラエにたどり着くには、
威嚇するような
巨大な門をくぐらなければならない
その門の真ん中には、小さな守護神ティキ

マラエの屋根の頂点には
私たちを見下ろす二人の小人
かれらは、マオリ族を見守っている
その壁の真ん中に
お面をつけた赤の酋長らしき人が座っている
その男の前にはコルがある

コルは新生、成長、平和を意味するそうだ
ニュージーランドの飛行機のロゴでもある
また、柱の枠組みにもコルがあり、
それに混じるように小人達がいた

足のように建物を支える四本の柱
それぞれの柱に
パウワ貝を目とした強そうな男達
まるで酋長を守る幹部のよう

そのマラエの周りには、先の尖った柵があり
外から守るように建てられている
真赤な口を開けた兵士のような男達
それらの顔は
「近づくな！」
と叫んでいるようで思わず圧倒された私達

マラエは何のためにあるのかと思う
先生に聞いてみたら、
会議や相談をそこでするのだと教えてくれた
千八百四十年にワイタンギ条約を結ぶ時も
マラエで相談したんだろうか

マラエはマオリ族にとって聖地である

その日はすっきりとした快晴で
周りは、青々と茂る木々に囲まれていた

評　マオリ族にとってマラエとは聖なる集会所。徳田さんは建物や部族の習慣をよく調べています。異教の人々を拒むような柱に彫り込まれた顔。酋長が威厳をもって赤いお面を付けている。先住民族の文化や習慣を知ることは重要です。顔に入れ墨をする女性もいますが、かつて日本の縄文人もアイヌ民族もタトゥーをしていたと言われています。ニュージーランドの先住民族と日本の先住民族の文化。どこかで繋がっているのかもしれませんね。

「詩」の部　優秀作品

『ミスターオースティン』

韓国・ブンダン日本語補習授業校（大韓民国）小一　藤井和真
（海外滞在年数四年九カ月）

ミスターオースティンは
ぼくのクラスのせんせい
ドイツのひとだけど
アメリカでそだったせんせい

ミスターオースティンは
スキンヘッドにふさふさおひげ
いつもカラフルなシャツをきて
うでにはおおきなタトゥー
みみにはたくさんのピアス
ピアスははなにもついてるよ

ミスターオースティンは
カラーブラインドで
いろがよくみえないことも
ヨルダンのおとこのひとと
けっこんしていることも
ぼくたちにはなしてくれるよ

ミスターオースティンは
ユニークなせんせい
しょうじきなせんせい
いつもにこにこ
やさしいせんせい
じぶんらしくいきていて
かっこいいせんせい
ぼくがかんこくにこなかったら
であえていないせんせい

であえてよかった
だいすきな
ミスターオースティン

『とりとうんが』

アムステルダム日本人学校（オランダ）小一　岡田大和（おかだやまと）
（海外滞在年数二年十カ月）

とりがうんがをのんでいる
ごくごく　ごくごく
のんでいる
いっぱい　いっぱい
とりがくる
いっぱいのむから
なくなりそうだ
おーい　ぼくのぶんも
のこしてね

わかったよ

『ともだちのそら』

ジッダ日本人学校（サウジアラビア）小一　佐藤小夏（さとうこなつ）
（海外滞在年数二年四カ月）

そらにはとり
そらにはちょうちょ
そらにはひこうき
そらにはくも

そらには　いっぱい
わたしのともだち
いつもいっしょにいてくれてありがとう

おや　アザーンがきこえてきたよ
そらいっぱいにひびいているよ
きょうから
アザーンも
わたしのともだち
よろしくね

『ぼくのろびん』

ニューヨーク育英学園サタデースクール（ポートワシントン校）（ニューヨーク州）小一　小笠原（おがさわら）　成真（じょうま）
（海外滞在年数六年九カ月）

まどのそとに
ろびんのすができた。
ろびんは、おなかがオレンジいろで、
はねがグレーのかわいいとり。
すは、きのえだとどろでできていた。
たまごは、ロビンズエッグブルーという、
きれいないろ。
あかちゃんが、さんばうまれたよ。
あるひ、いちわがいなくなった。
のこりのにわは、
どんどん、どんどん、おおきくなって、
すからおっこちそうなくらいに、
おおきくなった。
ぼくが、おおきなおとをだしたら、
にわのあかちゃんは、ちいさくなってすに
かぽりとはいった。
かわいいし、おもしろいね、ろびん。

『さばく』

カイロ日本人学校（エジプト）小二　岩田康志（いわたこうじ）
（海外滞在年数三カ月）

ぼくは、
らくだに、
のったよ。
のそり
のそり
ピラミッドに
いったよ
すごく長いかいだん
きゅうだよ。
石のおはかがあったよ。
ピラミッドは、
大きい。
ピラミッドの中は、
しかけがいっぱい。
しかけにはまるのは、
ドロぼうだよ。
ピラミッドは、
さばくにあるよ。
うまの
店ばんは、
子どもだったよ。
さばくには、
いろんなものがある。
そんな、
さばく
ぼくは、だいすき。
ずっと
さばくに、
いたいな。

『たべるのって　むずかしいな』

韓国・ブンダン日本語補習授業校（大韓民国）小二　石川未來（いしかわみれ）
（海外滞在年数七年十一カ月）

日本ではおちゃわんをもってたべる
かん国ではおちゃわんをおいてたべる
学校ではともだちに
「おちゃわんもってたべてて、日本人みたい」
っていわれた
いえではお母さんに
「おちゃわんもってたべなさい」
っていわれる
たべるのってむずかしいな
日本ではおはしでおこめをたべる
かん国ではスプーンでおこめをたべる
おはしだけでおこめはたべづらい
たべるのってむずかしいな

『ナイル川クルーズ』

カイロ日本人学校（エジプト）小二　原　杏慈
（海外滞在年数一年四カ月）

かぞくで
ナイル川クルーズに
行ったよ。
ふねにのって
いせきを見たよ。
ヒエログリフが
書いてあったよ。
なんにも
読めなかったよ。

ルクソールで
ば車にのったよ。
すこしゆれたけど
こわくなかった。

アブシンベルにも
行ったよ。
あさがはやくて
ねむかったなー。
いせきは
大きくて
びっくり！

エジプトに
いせきがあるのを
はじめてしったよ。

『ときどきラッコになる』

ロンドン日本人学校（イギリス）小二　外山士道（とやましどう）
（海外滞在年数三年十一カ月）

ぼくは、ときどきラッコになるの。どうしてかと言うとママのおなかの上ですやすやねるのがすきだから。
おなかの上にいるとドッキンドッキンて、しんぞうがなるの。ぼくは、今もう赤ちゃんじゃないんだけどでも、ラッコになって、ママのおなかの上で、ジャブジャブしておよいじゃう。

『お兄ちゃんが　帰ってきた！』

カンタベリー補習授業校（ニュージーランド）小三　麻生孝佑
（海外滞在年数九年）

お兄ちゃんが　帰ってくる！
ダニーデンから　帰ってくる！
ワクワクしすぎて　ばくはつしそう
早く会いたい　もうまてない
タイムマシンが　あったらいいのに
秋休みまで　タイムスリップ

お兄ちゃんが　帰ってきた！
クライストチャーチに　帰ってきた！
いない間　とても　さびしかった
大きくてやさしい　お兄ちゃん
ぼくの顔見て　うれしそう
かみがのびてて　よくわらう

お兄ちゃんが　なんかへん！
日本語少し　わすれてる！
日本語耳から　出ていった？
のうみその中で　つぶれてる？
ぼくが日本語　教えてあげる
なんだかぼくが　お兄ちゃん

お兄ちゃんと　夕ごはん
みんなでずっと　インタビュー
ダニーデン　さむい？
友だち　できた？
べん強　たいへん？
ごはん　おいしい？

お兄ちゃんと　イースター
ホットクロスバン　エッグハント
やったあ　うさぎのチョコレート

お兄ちゃんが　ベビーシッター
ぼくがしゅくだい　がんばったら
おいしいジュース　買ってくれた

お兄ちゃんが　帰っちゃった！
もうダニーデンに　帰っちゃった！
お兄ちゃんいなくて　さびしいよ
テーブルのはし　また三ぜん
ぜんぜんあそべなかった　かなしいよ
つぎはいっぱい　あそぼうね

『日本のたから箱』

オスロ補習授業校（ノルウェー）小三　森（もり）　英玲奈（えれな）
（海外滞在年数二年三カ月）
わぁ　いいな
となりの席の　セリーナが言った
わぁ　すごいな
となりの席の　イザベルも言った
二人が見ていたのは　わたしのおべん当
日本ではふつうなのに…
わたしはそう思う
イザベルとセリーナのおべん当をそっとのぞ
くと　中にはパンとキュウリが入っていた
パンは日本人が想像するのとちがう
苦くて茶色いパンだ
ノルウェー人はけんこうのために茶色いパン
を食べる
だが　おかずはほとんどない
少しあげよう
そう思って声をかけると
二人は目をかがやかせる
まるで　かい中電とうの光のように
まるで　赤ちゃんがお母さんを見るように
二人にとって　わたしのおべん当は　たから
箱みたいだ
かれらが　ＳＵＳＨＩとよぶ　おにぎり
かれらが　目を細めてよろこぶ　とんかつ
かれらが　目をダイヤモンドのようにかがや
かせる　サラダ
かれらが　思わず息をのむ　たまごやき
かれらが　思わずにっこりとえ顔になる　い
ちご
わたしのたから箱は　なくなりそうだ
するとかれらが　一番気に入っている自分の
りんごやパンをお礼にくれた
おべん当の国さい交流だ
いや　たから箱の国さい交流だ
わたしにとってふつうのおべん当が　たから
箱に変わる
君が食べるおべん当
それは　だれかにとってのたから箱かもしれ
ない

『ゆめがかなったふた子』

韓国・ブンダン日本語補習授業校（大韓民国）小三　松原（まつばら）　ダビン
（海外滞在年数七年三カ月）

「わたしたち、ふた子みたいだね。」
わたしがそう言うと、心の友はわらった。

わたしが、一年間日本に行っている間に、女の子がとなりの家に引っこして来た。かん国の小学校に入学するために帰って来たら、ようち園の時の友だちが、いなくなっていた。やっと会えると思ったのに、かなしかった。
学校は、コロナのせいで午前中までだった。だから、テコンドーを習うことにした。テコンドーが終わって家に帰る時、
「いっしょに帰ろう。」
と言う声がした。そこには、となりの家の子がいた。それから、毎日いっしょに学校に行くようになった。そして親友になった。

一年生が終わって長い冬休みがはじまった。わたしは、おじいちゃんに会いに日本に帰った。おじいちゃんは、わたしたちが二週間かくりしている間に、入いんしてしまった。びょういんには、子どもは入れない。おじいちゃんと一回も会えないまま、おじいちゃんはおばあちゃんのところに行ってしまった。

「おばあちゃんが、ダビンに会わせてくれたんだよ。」
とお母さんは、よく言った。わたしは、おばあちゃんに会ったことがない。お空に行ってしまったおばあちゃんが、一人でかん国におよめに行ったお母さんがさみしくないように、わたしをお母さんのところに送ってくれたんだと思った。だからわたしがさみしくないように、おじいちゃんがわたしに親友をくれたんだと思う。だってずっと妹がほしかったんだから。

わたしたちが、ふた子だと思う理由はまだある。身長も体重も同じ。一番にているのは、親友がわたしの四日後に生まれたことだ。だから、親友はわたしの妹だ。

わたしたちは、毎日いっしょに学校に行って、テコンドーをして、ゲームをして、絵をかいて、ままごとをして、ごはんを食べて、日曜日には教会に行って、いつもいっしょだ。

じいじ、わたしのゆめがかなったよ。日本に帰っても、もう会えないけど、さみしくないよ。ふた子のような妹ができたから。じいじ、ありがとう。

『ドイツはしぜんがいっぱい』

ベルリン日本人学校（ドイツ）小三　吉川実咲（よしかわみさき）
（海外滞在年数三カ月）

ドイツはしぜんがいっぱい。

みどりがいっぱい。

校ていでリスをよくみかける。
リスはドイツ語で
アイヒホルンヒェン（Ｅｉｃｈｈörｎｃｈｅｎ）
木の実を食べてくらしてる。

ドイツはしぜんがいっぱい。

だから生き物もすみやすい。

教室のまどから鳥の声が聞こえる。

「チュンチュンチュンチューン」

うるさいけど、いい声。


花もいっぱい。

きれいな花、かわいい花、ピンクや赤い花。

どれもがんばってさいている。


動物も花もわたしもドイツが大すき。

『みんなちがってそれがいい』

ワシントン補習授業校（メリーランド州）小四　吉永美貴子
（海外滞在年数一年四カ月）

黒人、白人、アジア人―。
はだの色がちがうだけでさべつが始まる。
でも、どうして？
みんなちがってそれがいいのに。
ニュースで黒人と、白人のけいさつかんが
あつまって、けんかしていた。

私の学校には、黒人と白人の
親友がいるけれど、
どうして、世の中の人は、
さべつだけで、けんかを
してしまうのだろう。

見た目だけでけんかをしても
いみがないと思う。
大切なのは心の中だから。
見た目が悪くても、やさしい人はいる。
心の中がよければ見た目は何でもいい。
それくらい気持ちが大切。

一人一人を大切にすれば仲よくなれる。
自分と意見などがちがっても
仲よくなれるかもしれない。
全部人とちがってもいい。
自分をもつというのが大切。

自分らしく生きていく。
だれが何を言おうと。
だれがいじめようと。
私は私。
あなたはあなた。
みんなちがう。
それでいい。

あなたが世界をかえるかもしれない。
未来にすすんでいけば
つばさをはばたける。
私たちならきっと。

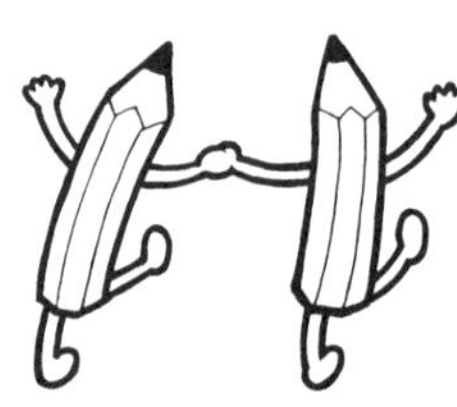

『ふたりのすきな図書館』

韓国・ブンダン日本語補習授業校（大韓民国）小四　徳島礼那
（海外滞在年数九年二カ月）

図書館に着くとわたしは自分の読みたい本を
探しに
おばあちゃんは大人の本のところへ

おばあちゃんは小説がすき
字が小さくてぶあつい本を借りている
わたしも小説がすき
まほうやようせいの出てくる小説

わたしは本を借りるのに時間がかかる
選んでいるとどんどん読みたくなって
読み始めてしまうからだ
おばあちゃんは選ぶのが早くて
わたしが選び終わるまで
新聞を見ながら待っていてくれる

そして一緒に歩いて帰る

今年もまた冬休みに日本に行く
ふたりのすきな図書館
楽しみだな

わたしとおばあちゃん
ふたりのすきな場所は図書館

わたしとおばあちゃん
ふたりのすきなものは本

わたしはハングルよりさきにひらがなを
おぼえた
ほ習校で漢字も習い
かん国語の本より日本語の本がすき

おばあちゃんの家の近くには
大きな図書館がある

日本語の本がたくさんあって
読みたい本が次々に見つかる
わくわくするところ

おばあちゃんの家から歩いて十分くらい
いつもふたりで歩いていく
ふたりで話しながら

わたしが、ママのひみつを話したり
おばあちゃんが、ママの子どものころの話を
してくれたり

『月の中のおばあちゃん』

ジャカルタ日本人学校（インドネシア）小五　藤本（ふじもと）まゆり
（海外滞在年数三年）

日本の月にはうさぎがいるといわれてる
えっ日本だけなのかな?
今日の夜にたしかめてみよう!

夜におっきいお月さま
よぞらにピカピカひかってる
よぞらのおほしさまと
いっしょにたのしくおどってる
でもうさぎはいなかった
でもそのかわり
編み物してるおばあちゃんがいたんだよ。

『コロマンデルで考えたこと』

オークランド補習授業校（ニュージーランド）小五　富樫想良（とがしそら）
（海外滞在年数八年）

ぼくは、旅行でコロマンデルに向かう時
とちゅうの景色を見て
いろいろなことを考えた

遠くにいる温かそうなふわふわとした羊を
見下ろしながら
その羊の毛のように
いごこちのいい草にこしかけた

ここから見える海はゆったり流れていて
太陽の光を反しゃして
星のようにきらきら光っている
どこまでも続く緑色
近くにも遠くにも山がある
見上げると、空が果てしなく広がっている
その大きく無限大の空に
わたあめのように
おいしそうな雲がうかんでいる
後ろには、お父さんとお母さんが立って
景色をながめている
「きれいだね」
「きれいだね」

草は、緑と黄色
羊や雲は白
海と空は、サファイアのように
青くかがやいている
地球は丸いのに
なぜ平べったく見えるのかなと
心の中で考えた

海には、波が平和にゆらゆら流れている
山はまさに陸でできた波のように見える
どこまでも続く緑色
果てしなく続く海
無限大の空
みんなが受けついできた生命

『お宝いちご』

デュッセルドルフ日本人学校（ドイツ）小六　村上煌宙
（海外滞在年数二年四カ月）

いちごのスタンドが現れた
「いちご、おかえりなさい」
どこまでも遠くの方まで続くいちご畑
辺り一面のいちごに顔がにやり
広大ないちご農園で家族で収穫
さぁ、いちごの季節だ

日本は
ビニールハウスの中で大切に育つ
ドイツは
太陽の光をたくさん浴びた大地で大事に育つ
こしをかがめ手を伸ばす
さぁ、宝探しの始まりだ

青々としたいちごの葉に太陽が照る
まるで、葉がいちごをかくまっているみたい
葉の間からいちごが
「こんにちは」
いちごの色は
赤からしゅ色、まだ白っぽいのまで
さまざまだ
親のようなとっても大きいもの
赤ちゃんのようなとっても小さいもの
いちごは自由に育っている

自分のお気に入りのいちごを
さぁ、探そう

かごいっぱいに
個性豊かないちごでうまっていく
ドイツ人はバケツにたっぷり
いちごを収穫
水で洗いきれいさっぱり
ちょこっといちごをつまみ食い
一つまた一つまた一つ、勢いが止まらない
甘過ぎなくて
ほのかに甘ずっぱい
ドイツのいちごは大好きだ
一個一個のいちごから
自然の豊かさを知れた気がする
いちごしか見えないくらい夢中になる
自分でつんで食べたのは
格別においしい
青空の下
家族みんなで食べると
もっとおいしい
今年もいちごに
「ごちそうさま」

『テカポ湖の青い鏡』

オークランド補習授業校（ニュージーランド）小六　佐藤伊織（さとういおり）
（海外滞在年数十一年七カ月）

カサッ、カサッ
かわいた葉っぱをふみ
急な山道を
山頂目指して歩いて行った
春だとは信じられない暑さの中
一時間
数時間の山上りと勘違いするような登り坂だ
太陽光を防ぐ密な暗い森
ハア、ハア
無風の森
ゆっくり足を持ち上げ
ゆっくり前進する

サアー
辺りを見回す
木が無かった
何かをさけるかのようにピタッと木が消えた
寒いニュージーランドの南島では
森林限界が低いからだ

砂漠のように何も無い
ただ、灰色のガタガタな岩山に僕を導く細い道
岩山の山頂について僕の目に一直線に
飛び込んだのは
青
他の周りの風景が目に入らなくなるほど
青かった
砂漠の中のオアシス
ミルキーブルー
すべてをかんぺきに映し出す
テカポ湖の青い鏡
そり立つ山々が下まで永遠にのびる

カシャ、カシャ
重たい父の一眼レフを借りて
写真をとった
最後にもう一度自分の目で見る
カメラにおさまり切らない
美しい景色を
自分自身の目で見たかった

山を下る前
山頂の横にある天文台を見た
ニュージーランドの天文学者たちは
このすんだ空気の中、星を見たいからここに
設置したのだろう

下りはふりむかなかった
あの美しい景色を
忘れない

『ちょっと変わった同居人』

シカゴ日本人学校（イリノイ州）中一　結城風歌（ゆうきふうか）
（海外滞在年数三年八カ月）

ある日の夕方
机の隅にぽつんと立つ
小さなクモ
不法侵入してきたそいつは
ご丁寧にちんまりクモの巣を作って
悪気もなく立っていた

追い出そうとしてもびくともしない
しかたなく
同居を許すことにした

私が帰ると
いつもそいつは
新たなクモの巣のそばで
じっと待っていて
ぼけーとしたまぬけ顔で
私を見つめていて
本当に何を考えているのかわからない

それからは
そいつがクモの巣をつくっては
私が片付けて
つくっては片付けて
つくっては片付けて
そうしていくうちに
そのまぬけ顔も
今ではなんだか愛おしい

私のちょっと変わった同居人

『三ヶ国語の青春』

オタワ補習授業校（カナダ）中二　ウィゲン　真理佳（まりか）
（海外滞在年数十三年八カ月）

恋って字
変に似ている
恋って変だしね

私は恋をしてしまっている
その横顔に
手でつかむ赤毛と
大きな目に

努力家でかしこくて
けんきょなところは
なんか日本人みたい

好きだって言わない
言われもしない
気持ちはどうしようか
分からない

ただ、青春だなって
自分で思う
日本語や英語で恋をして、
今は初めてフランス語で
私ならではの青春だ

『ニューヨークの一日』

ニューヨーク補習授業校（ニューヨーク州）中二　平形歌理奈
（海外滞在年数十三年十カ月）

朝のそよ風が匂いを運んでくる
挽き立てのコーヒーと焼きたてのパンの香り
開店したばかりのカフェに
人が慌ただしく出入りする
「いつもの」か、それとも何か新しい物にしようか

車道、歩道、高層ビルやタワー
ギラギラした太陽が高くなり
マンハッタンの空、ビル、路地を照らし
影を濃くして
建物の間に迷路を作る

自由の女神が胸を張り
緑色になった体を輝かせる
一八八五年から今日まで
トーチが世界を自由で照らし
王冠が七つの海と大陸を示す

壁に描かれた落書き
言葉と絵がキャンバスを探す
赤、青、黄色、緑
色んな色が重なり合う世界
その横を人々は足早に通り過ぎる

落ちていく太陽が空に魔法をかけると
カフェにはシャッターがおり
長くなった影を街灯が消してゆく
月はピカピカ光るタイムズスクエアに驚いて
雲の布団にかくれる

『みんな同じじゃないか』

ロサンゼルス補習授業校（サンタモニカ校）（カリフォルニア州）中二　木本恵太
（海外滞在年数十四年二カ月）

雨がふった
　だからかさをさした
体をぶつけた
　だからいたいんだ
さむい日だ
　だからジャケットを着た
あつい日だ
　だから半袖を着た
悲しくなった
　だから泣いた
不都合が起きた
　だから怒った
良くねていない
　だからねむいんだ
運動をした
　だからつかれた
やさしくされた
　だからうれしいんだ
世界のどこにいたって
　人は人だから
結局の所
　大差ないんだ
みんな同じじゃないか

『ある日』

北東イングランド補習授業校（イギリス）中二　ヘーゼル　アシェン
（海外滞在年数十三年十一ヵ月）

女の子が好きな男友達
男の子が好きな女友達
女の子が好きな女友達
男の子が好きな男友達
性別は関係なく
人間が好きな女友達
まだ好きの感情が
わからない男友達

自分の内面を
打ち明けてくれた友達
ぼくの外見を
気にしない友達

ぼくの近くには
自分を
相手を
受け入れてくれる
気にかけてくれる
そんな友達がいると
ふと　気がついた日

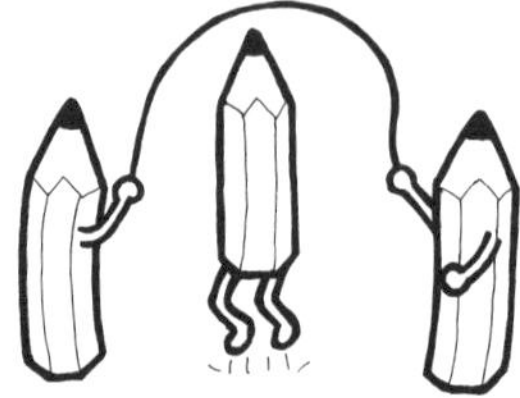

『氷河の贈り物―ダウトフルサウンド』

オークランド補習授業校（ニュージーランド）中三　上原ザック
（海外滞在年数十四年）

僕たちは、百人くらい乗れる
大きなクルーズシップに乗った。
甲板から見えるのは、穏やかな水面
ダウトフルサウンドでは、
ツイ鳥の声が聞こえる
「ティオ、ティオ」という声

波一つない深い緑の水面
太陽を反射する水は、金色に光る
日没には、水がミラーみたいに山を反射する
とても静かな静かな自然だ

ダウトフルサウンドの山のふもとに
たくさんの滝がある
鳥の声、風の音が僕の周りを囲む
風の音は、冷たく涼しい
滝の音がリラックスした気分を導く

大きな石には、アザラシが三匹いた
アザラシの子供が、
波と共に上下になりながら遊んでいる
水の中に何か動くものが見えた
イルカのキラキラした銀色の皮膚が見えた

僕は、水着に着替えて
入り江の中に入ってみた
水が透き通るようだ
水面に白い空気が冷たくただよう

だんだん辺りは、暗くなり
恐ろしいくらい寒くなってきた
青い黒い景色が見えて
僕は思わずシャッターを切った
山が黒く
見たこともないインディゴブルーの水とのコントラスト
山が水に反射していて
シンメトリーになる
下の水を見ると、
かがみ星が暗闇から逃げようとしていた

『鯛との対峙』

オークランド補習授業校（ニュージーランド）中三　金城颯太
（海外滞在年数十五年）

ザバーンザバーン
波が力強く船首に当たる
音が絶え間なく続く中、
僕は糸を海に放り込んだ
しばらく沈黙が続くと
一気に糸が海底に碇のように
沈んでいった

突然
「グッ。」
と鉄塊が引っかかったかのように
竿が上がらなくなった
上に全力で引っ張ってもびくともしない
僕は必死でリールにしがみつき
大物らしき怪物を全力で引き上げようとした
四十メートル程の白と黒の螺旋状のリール
の糸が目で追えない程の速度になった
リールの持ち手が手のひらに食い込んだ
リールを巻き取るのは、魚との戦いだ
僕はぐるぐる糸を回し続けることに没頭

ずっとそれだけ
難戦を続けていると、船下に白い影が
うっすら現れた
「最後の一絞りだ！」
と僕は、体全体を弓のように反らせて
少しでも上に引き上げようとした

水面から二メートルくらい魚は空中に浮いて
船板に落とす
大きな水しぶきと共に鯛は
船板に上ってきた
「ドウテドウテ　ドウテ」
踊るように暴れていた
周りは
「見たことない！」
と歓声を上げていた
何人かで、つるつるした皮膚を押さえつけ
刃物で急所を突く
暴れていた鯛は、血生臭い匂いと共に
ゆっくりと動かなくなっていった

『ミルフォードサウンドの旅』

オークランド補習授業校（ニュージーランド）中三　野寄　孔太朗
（海外滞在年数十年九カ月）

「オークランドと違って寒いね」
会話の途中途中で白息を吐き出した
僕たちは、ミルフォードサウンドのクルーズ船で、
ぎりぎり滝の近くまで行くことができた
流れる水は、ビー玉のように透き通る
滝から濃い霧のような
ひんやりした湿った空気が流れる

滝をクルーズの船から見るものだと思っていたら、
船長のいたずらで、
弟と僕は、滝のしぶきを直接浴びる羽目になった
滝の冷たい水しぶきのせいか、
僕は鳥肌がたっていた
飛び散ったマイナスイオンを感じ
空気を胸いっぱいに吸い込んだ
それを吐き出すと白息となり、出てきた

よく見ると崖の所々から苔が生えていて、
滝のすぐ横からも小さな滝が流れていた
あちらこちらから、無数の滝が見えた
向こうの岩場から、幾本の滝が、
糸のように岩に伝わって下りて行った
ガイドの人が、
「いつもなら、大きな滝が、
出来るんだけれどね。」
と言った

反対側の水面には、優しく水蒸気が、
別の船を包んでいた
遠くでは、雲にかかった巨大な山が連なり、
ドラえもんの鏡の世界のように水面に
際立って映し出されていた
現実とは全く違う空間に思えた
僕は鳥肌がたっていた

「詩」の部

「佳作入選者」一覧 60名

《小 一》

瀬下えみ　カイロ日本人学校
小森稟乃　ダービーシャー補習授業校
原田芽衣　アムステルダム日本人学校
深川颯　ニューデリー日本人学校
川崎稜真　イーストテネシー補習授業校

《小 二》

大村亜利佐　フランクフルト補習授業校
高橋みずき　フランクフルト補習授業校
土屋千倫　シンガポール補習授業校
ウォルステンホルム花那　ロンドン補習授業校
中川莉子　ロンドン補習授業校
バーンズオリビア　ロンドン補習授業校
中川晴翔　ニューヨーク育英学園（全日制）
三根遼太郎　ニューヨーク育英学園（全日制）
山内大維志　イーストテネシー補習授業校
浦田悠仁　イーストテネシー補習授業校
岩崎勇斗　イーストテネシー補習授業校
本野志門　イーストテネシー補習授業校
小田島留理　デュッセルドルフ日本人学校

《小 三》

獅々田アリス　オタワ補習授業校
大島璃子　西大和学園補習校
浦田絵馬　イーストテネシー補習授業校
伊藤実里　イーストテネシー補習授業校
島崎愛　イーストテネシー補習授業校
蓮尾花穂　イーストテネシー補習授業校
常盤勇作　韓国・ブンダン日本語補習授業校
中山そら　韓国・ブンダン日本語補習授業校
ヘガー未彩　ケルン補習授業校

《小 四》

渥美公朗　オスロ補習授業校
チェンジョセフィーン　カンタベリー補習授業校
アオノ晃大　サンフランシスコ補習授業校

「詩」の部▶「佳作入選者」一覧

笹本琴音　個人応募（インド在住）
古山ほのか　ヒューストン補習授業校
藤井智希　韓国・ブンダン日本語補習授業校

《小五》
ハーダー姫衣　オークランド補習授業校
清水桜太　オークランド補習授業校
大沼圭　グロスマン・アカデミー補習授業校
平鈴花　カイロ日本人学校
西澤瑠唯　イーストテネシー補習授業校

《小六》
宮内琳煌　北東イングランド補習授業校
深川紗代　ニューデリー日本人学校
樋口景樂　トロント補習授業校

《中一》
川谷咲良　イスラマバード日本語クラブ
弦巻夕望　トロント補習授業校
細井沙恵　ニュージャージー補習授業校
田村舞子　西大和学園補習校
平本さら　ニューポートニュース補習授業校
前田克斗　デュッセルドルフ日本人学校
谷口瑠衣　イーストテネシー補習授業校
野澤鈴　コロンバス（OH）補習授業校

鈴木穂香　イーストテネシー補習授業校
竹内賢治　イスタンブル補習授業校
リチャーズシャーロット　シカゴ日本人学校
藤田碧生　アブダビ日本人学校
伊藤維吹　モンテレー補習授業校
鈴木花菜　サンフランシスコ補習授業校（サンノゼ校）

《中二》
マッカイ紅愛　カンタベリー補習授業校
平紗綾香　カイロ日本人学校
永井賢人　ミネアポリス補習授業校

《中三》
白井柊至　イスラマバード日本語クラブ
鈴木那結　オークランド補習授業校

「短歌」の部

第43回 海外子女文芸作品コンクール

「短歌」の部
総評

『感染拡大三年目を迎えて』

谷岡亜紀（歌人）

私は去年のこの総評に、「COVID19の世界的感染拡大から二年目の夏を迎えました」と書きました。それからさらに丸一年。まさかパンデミックがこのような形で続いているとは思いもしませんでした。そうした中で今年も、地球の各地から五千首を超える短歌作品が集まりました。本当に素晴らしいことだと思います。去年も書きましたが、特に若い皆さんにとって一年という時間は、大人以上に濃くかけがえのないものだと思います。その中で一人一人が、休みなく成長を続けていることが、多くの応募作品からよく伝わります。ちなみに、わたくしごとですが、私の息子夫婦も、二歳の娘を連れてこの春からアメリカ・デトロイトで暮らすこととなりました。ですから皆さんの海外での生活は、私にとって他人事ではない、身近なものになりました。このコンクールには毎年「日本の祖父母」を歌った作品がたくさん寄せられます。私自身まさにその立場になったわけです。

「特選以上の作品」については一首ずつコメントし、またそれ以外の入選作品も別途紹介しますので、ここでは惜しくも選外となった作品から、海外に暮らす小・中学生たちの〈今〉がよく伝わる短歌を出来る限り挙げたいと思います。

まず、戦争を始めとして社会的な視野を持つ作品。〈だれしもが望んで無かったいらない死なんで今更戦争なんか〉（ニューヨーク・中二）、〈オランダでいっぱい走ってがんばって集めたお金ウクライナへ〉（オランダ・小四）、〈飛行機でちょいとひと飛び会えたのに今は大変戦争コロナ〉（オランダ・小五）、〈日本までなかなかへらないひこうじかんせんそうおわれば早くつくのに〉（ドイツ・小二）、〈休日に赴く場所は博物館思わず黙る戦争資料〉（中国・中二）、〈円安で計算すると高くなりコーラでさえも買うのためらう〉（中国・中二）、〈青い空貧富すべてをつつみこむ自分はちっぽけ何もできない〉（ブラジル・小六）、〈銃社会尊い命を守る為平和の為に絶対なくす〉（テキサス・小六）。

次に感染症（かんせんしょう）に関連する作品。〈またふうさコンテナつまれた通学路やなオンラインみんなに会いたい〉（パキスタン・小三）、〈もうすぐで卒業なのに制服を一度も着ずに終わってしまう〉（オランダ・小六）、〈コロナ禍で学校行けずオンラインみんなに会えない五月の梅雨〉（台湾・小六）、〈自宅から海をながめる我一人一週間の学級閉さ〉（シンガポール・小六）、〈隔離中「もう何回目？」朝起きて待ち受けているPCR〉（中国・中二）、〈この空をとびこえきみとはなしたいはやくはじまれたいめんじゅぎょう〉（韓国・小二）。

その他、印象に残った歌を挙げておきます。〈君想う恋の始まり国またぎ運命の糸結びにいくよ〉（ドイツ・中二）、〈あたらしくベストフレンド言われたよいいだしづらいパパのてんきん〉（オーストラリア・小三）、〈どうしよう言ってることが分かりませんそんな時にはとにかく笑う〉（イギリス・中二）、〈日本語のアニメのせりふ訊いてくる友達前に先生気分〉（ニュージーランド・小四）、〈映画館日本の映画見てみれば日本語だったうれしかったよ〉（インドネシア・小六）、〈息をのみボール見守りホームラン「OHTANI-SAN」が耳をつんざく〉（イリノイ・中二）、〈四月から新たな世界ふみ出したこれからぼくはどう変わるのか〉（インドネシア・小六）。皆さんの未来を、心から応援しています。

「短歌」の部　受賞作品

▼文部科学大臣賞

カイロ日本人学校（エジプト）
小四　篠(しの)　茉莉紗(まりさ)
（海外滞在年数一年三カ月）

火炎樹がひらひらひらひらり落ちてくるわたしの上に未来の上に

評　火炎樹は熱帯地方に広く分布する高木で、一年中炎のように鮮やかな赤い花を咲かせるので、この名前があります。作品の「火炎樹が」は、火炎樹の花が、という意味です。トロピカルな花が絶え間なく落ちる様(さま)は、美しい炎そのものが降って来るように幻想的です。そして下句の「わたしの上に未来の上に」というリフレインが上手い。「わたし」を「未来」と言いかえることで、作者のまっさらな前途(ぜんと)が祝福されるイメージが生まれました。

＊（　）内は滞在国・地域を表し，アメリカ合衆国については州名を記載。
海外滞在年数は2022年７月現在の年数を記載。

▼海外子女教育振興財団会長賞

青い目のとなりの席のロシア人ぼくらはずっと友だちだからね

サンディエゴ補習授業校
（カリフォルニア州）
小三　木原泰孝
（海外滞在年数八年八カ月）

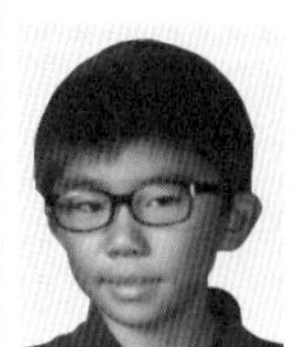

評　アメリカのカルフォルニアに学ぶ小学三年生。同じ教室の隣の席に、ロシアから来たクラスメートがいるのでしょう。いまロシア軍の、隣国ウクライナへの軍事侵攻によって、アメリカとロシアは厳しく対立しています。そのアメリカに学ぶロシア人のクラスメートの辛い心を作者は思いやり、「ぼくらはずっと友だちだからね」と声をかけます。ロシアの指導者の行いと、一般のロシアの人々とを一緒にしてはいけないと、この歌は改めて教えてくれます。

▼日本放送協会賞

もどかしいつたえたいのはいまだからちかくてとおいインターネット

マンチェスター補習授業校
（イギリス）
小六　宮川椿
（海外滞在年数三カ月）

評　今や小学生にとっても、パソコン、インターネット、メールは無くてはならないものになっています。特に海外生活では、SNSの存在は絶大です。このコンクールにも、日本の家族やともだちとパソコンを通して繋がる、という歌が多く寄せられています。ただ、それにはある「もどかしさ」もあると作者は歌います。伝えたいのは、刻々と変化する生な「今」だから、「近くて遠い」インターネット。ライブに勝る感動はないと、この歌は教えてくれます。

▼JFE21世紀財団賞

アデレード日本語補習授業校
（オーストラリア）
中一　丸山（まるやま）　さくら
（海外滞在年数十一年）

木から木へゆう雅なポッサム飛び回る私をとらえた赤く光る目

評　ポッサムとは、オーストラリアなどに生息する有袋類（ゆうたいるい）の動物。夜行性で、木の上で生活するとのことです。作者は、保護地区などに見学に行ったのでしょうか。それとも家の近所にも出没するのでしょうか。どちらにしても「未知との出会い」ですね。「ゆう雅（優雅）」とあるので、木から木へしなやかにジャンプするのでしょう。しかも目が合ったのだからすごい。うす暗い森の中を飛び回るポッサムの、赤く光る目がとても印象的（いんしょうてき）です。

▼東京海上日動火災保険賞

ダラス補習授業校
（テキサス州）
小六　鴇田（ときた）　昴（すばる）
（海外滞在年数一年四カ月）

信じられぬ見たことのないこの景色現実なのか真っ白な砂丘

評　海外生活では、日本で見ることのできない雄大な景観（けいかん）や、珍しい動植物、食べ物、また不思議な出来事に数多く出会います。このコンクールには、そうした驚きを込めた作品が多数寄せられます。この歌は、その代表というべき短歌です。作者はいま圧倒的（あっとうてき）な光景を前に「信じられぬ」「見たことのないこの景色」「現実なのか」と息を呑んでいます。眼前に広がるのは純白の砂丘。確かに、目を疑ってしまいますね。臨場感（りんじょうかん）が見事です。

▼日販アイ・ピー・エス賞

いつまでもマリとリシャールいるのかな戦争終わるといってしまうの

ジュネーブ補習授業校
（スイス）
小四　草野誠治
（海外滞在年数九年十カ月）

評　「マリとリシャール」はクラスメイトでしょうか。下句からすると、戦争に関連して一時的にスイス・ジュネーブに滞在しているとも読み取れます。ロシアのウクライナ侵攻によって、多くの人々が住む土地を離れて避難し、また滞在先で身動きが取れなくなっていると伝えられています。そのような国際情勢が影を落とした作品と読みました。大人が身勝手に始めた戦争に翻弄される、わずか十歳の子供たち。友情の温もりが救いです。

▼日本児童教育振興財団賞

にぎやかなサン・マロ港とクレープと水平線に向かう客船

サンジェルマン・アン・レイ補習授業校
（フランス）
小五　戌亥恵麻
（海外滞在年数十年九カ月）

評　サン・マロは、フランス・ブリュターニュ地方の城壁に囲まれた港町で、イギリス海峡に面しているそうです。その港のカフェでクレープを食べている、おしゃれな場面が浮かびます。
サン・マロという言葉の響き自体、とてもエレガントです。「港」「クレープ」「水平線」「客船」と、たたみかけるように並列されることで、ポエムのような感覚が生まれました。この船はどこまで行くのでしょうか。未知への夢と憧れが広がります。

▼クラーク記念国際高等学校賞

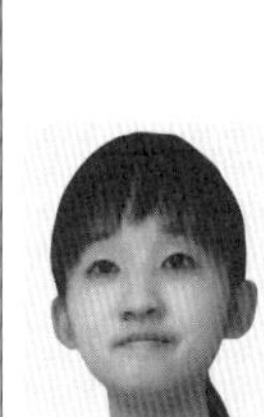

ロサンゼルス補習授業校（サンタモニカ校）（カリフォルニア州）
中一　髙橋萌仁佳（海外滞在年数九年）

風光り小さく揺れる私の気持ち今日の桜を目に焼き付ける

評　桜の歌ですから春ですね。中学の入学式でしょうか。それとも新しい土地でのスタートでしょうか。アメリカ西海岸のカルフォルニアで見る桜の花は、フレッシュな春の光と、始まりの明るい緊張感に包まれていたことと思います。開け行く未来への予感そのもののように風が光り、作者の心も、たくさんの希望と少しの不安で、小さく揺れています。三句の「私の気持ち」がやや字余りですが、短歌形式の中に自然に収まっています。

「短歌」の部

特選作品

やまのうえソウルタワーのてっぺんでパパかたぐるまたかいぜヤッホー

韓国・ブンダン日本語補習授業校（大韓民国）小一　藤井和真
（海外滞在年数四年九カ月）

評　ソウルタワーは、韓国の首都ソウルの南山という山の上にある電波塔展望台で、夜には美しくライトアップされる観光名所です。作者は家族でその展望台に上ったのでしょう。「山の上」のソウルタワーの、そのまた「てっぺん」で、さらにパパの肩車の上から、はるか地上を見下ろす作者です。てっぺんのてっぺんのてっぺん。まさにトップ・オブ・ザ・ワールドですね。思わず「ヤッホー」と歓声を上げたくなる気持ちがよくわかります。

さるたちがプールでおよぐゆめをみるにんげんのともだちいっしょにおよぐ

おひさま日本語教室（ニュージーランド）小二　徳尾平良
（海外滞在年数七年九カ月）

評　なんとも楽しい夢をみましたね。日本の北国で、冬に猿たちが温泉で温まるという話は聞きますが、もう一歩進んでプールで泳ぐ猿たち。猿もまた夏のレジャーを楽しみたいのかもしれません。泳ぎ方は犬かきならぬ猿かき、でしょうか。それともクロール、バタフライ……。この歌から、想像は限りなく広がります。猿と人間とがいがみ合わず、仲良く一緒に泳ぐというのも愉快です。四句の「にんげんのともだち」という字余りも気になりません。

ゆっくりと夕日がしずむトンガリロマシカとコトミとぼくとで見てる

おひさま日本語教室（ニュージーランド）小三 川上碧天（かわかみあおて）
（海外滞在年数九年二カ月）

評 「トンガリロ」はニュージーランド北島にある国立公園で、真っ白く雪をかぶった三つの火山がそびえ立つ、マオリ族の聖地です。その三つの火山のうちの一つは、日本の富士山によく似た形をしています。「マシカとコトミとぼく」とあるので、「マシカ」と「コトミ」は友達の名前ですね。三人はいい仲間どうしなのでしょう。ニュージーランドの大きな景色の中で、おおらかに育んでいる友情が、よく伝わってくる作品です。

夕焼けと国旗なびかせやってきたヘリコプターに歓声あがる

シンガポール日本人学校小学部クレメンティ校（シンガポール）小六 内山（うちやま）さら
（海外滞在年数一年十一カ月）

評 私もかつてシンガポールに行ったことがあります。近未来（きんみらい）の都市を思わせるベイエリアのビル群に息を呑みました。夕暮れの濃密な空気の中、灯り始めたビルをかすめて、一機のヘリコプターが飛来（ひらい）する、スペクタクル映画のようなシーンが浮かびます。国旗とあるので、政府の要人か外国からの来賓（らいひん）を乗せているのでしょうか。「国旗なびかせ」もドラマチックですが、さらに夕焼けまでなびかせるというイメージに、とても感心しました。

雨上がり空に掛かった虹を見にカンガルー達広場に集まる

クイーンズランド補習授業校（ゴールドコースト校）（オーストラリア）中二　神門凛音（こうどりんね）
（海外滞在年数十二年）

評　カンガルーが生活のすぐそばに居る暮らし。いかにもオーストラリアらしい風景です。降り続いていた雨が止んで雲が切れ、空が明るくなって、やがて太陽が輝き虹が出ます。それは、これからはじまる幸せの前兆（ぜんちょう）であり、未来への希望の架け橋です。雨を避けて屋内に閉じこもっていた人間たちだけでなく、カンガルーたちも、虹を見るために広場に集まってきました。メルヘンの中の世界のような現実を、すっきりと短歌にしました。

朝食でパンを取る手がふと止まる銃声が鳴る画面の向こう

ニューヨーク補習授業校（ニューヨーク州）中三　髙橋勇登（たかはしゆうと）
（海外滞在年数十四年三カ月）

評　歌われた場面は、巨大都市ニューヨークのいつもの朝の、いつもの食卓風景です。その時響く、一発の銃声（じゅうせい）。銃社会アメリカならではの、思わず緊張が走る瞬間です。何が起きたのかととっさに身構えて辺（あた）りを見回すと、それは現実の銃声ではなく、テレビの中で撃（う）たれた銃でした。それを確認してほっと息を吐く作者です。平穏（へいおん）な日常と画面の中の非日常（ひにちじょう）との対比が絶妙（ぜつみょう）で、生活のすぐ隣にある危機・危険を見事に作品化しました。

「短歌」の部

優秀作品

ひやけしたうでにとまってひとやすみきんちょうしたよはみんぐばあど

ロサンゼルス補習授業校（オレンジ校）（カリフォルニア州）小一　鎌田莉里
（海外滞在年数六年十カ月）

ライオンがおたんじょうびのゆめをみるくまとうさぎがパーティーにくる

おひさま日本語教室（ニュージーランド）小一　中島優美
（海外滞在年数七年三カ月）

にわに来る二ひきのうさぎおやこかなどうじににげたまた会えるかな

南インディアナ補習授業校（インディアナ州）小三　荒木莉衣奈
（海外滞在年数一年）

遠い海目指すペンギンテクテクとなかよく横切るバルデスの道

ブエノスアイレス日本人学校（アルゼンチン）小四　山広玲
（海外滞在年数五年一カ月）

コツコツと毎日書いて九冊目漢字ふえてく日本語日記

韓国・ブンダン日本語補習授業校（大韓民国）小四　藤井智希（海外滞在年数四年九カ月）

二年ぶり日本に帰る友送り日本語学校ぽつんと私

ポート・オブ・サクラメント補習授業校（カリフォルニア州）小五　吉田瑠璃（海外滞在年数二年六カ月）

ランブータン少し酸っぱい恋の味？　分かる大人に早くなりたい

コロンボ日本人学校（スリランカ）小五　村上友悠（海外滞在年数一年三カ月）

おはようと覚えてくれた日本語を毎朝言うよご近所のねこ

オークランド補習授業校（ニュージーランド）小六　山本ことの（海外滞在年数十一年五カ月）

広い道うめつくしてる車たち夏の暑さが倍増してく

深圳日本人学校（中華人民共和国）小六　大川紗奈
（海外滞在年数四年十カ月）

星条旗真っ黒な影落としてく心の中で降り続く雨

ダラス補習授業校（テキサス州）小六　宅野草太
（海外滞在年数七カ月）

空こうで感じたねっき初めてでこれからなにがはじまるのだろう

ジャカルタ日本人学校（インドネシア）小六　堤凌晟
（海外滞在年数三カ月）

クラスみな大きなＬＯＶＥの前に立ちマスクの下で小さな笑顔

ニューヨーク育英学園（全日制）（ニュージャージー州）小六　平松駿
（海外滞在年数一年九カ月）

稲妻の閃光見える窓の外眠れぬ夜に残像映る

ニュージャージー補習授業校（ニュージャージー州）中一　大岡雄大（おおおかゆうだい）
（海外滞在年数三年十カ月）

イラン人興味津々スマホ向け涼しい朝のラジオ体操

テヘラン日本人学校（イラン）中一　金沢光夏（かなざわひろか）
（海外滞在年数九年六カ月）

ピレネーのふもとの村の初雪を姉とはだしではしゃいで駆けた

バルセロナ日本人学校（スペイン）中二　鎌田恵理奈（かまたえりな）
（海外滞在年数十四年一カ月）

夏休み明けた月曜「おはよう」と一番に伝える日に焼けた君

オークランド補習授業校（ニュージーランド）中二　柿沼可凛（かきぬまかりん）
（海外滞在年数十四年一カ月）

雨が降り雨が上がって雨が降り毎日雨の広州の街

広州日本人学校（中華人民共和国）中二　齋藤吏来（さいとうりく）
（海外滞在年数一年三カ月）

サボテンがサンタの帽子でお出迎えうきうきわくわく砂漠の聖夜

オースチン補習授業校（テキサス州）中三　式町理亜夢（しきまちりあむ）
（海外滞在年数十四年一カ月）

「短歌」の部 「佳作入選者」一覧 39名

《小一》
松本悠里 デュッセルドルフ日本人学校

《小二》
藤田志郎 ニューヨーク育英学園（全日制）
菊池俊太 ニューヨーク育英学園（全日制）
桐原力維 ＳＴＵＤＩＯ．Ｓ日本語教室

《小三》
中島笑美 おひさま日本語教室
バリント雛乃 おひさま日本語教室
上村千佳 ダラス補習授業校
松永安珠 ダラス補習授業校
中田亮 ダラス補習授業校

《小四》
吉田朱里 アデレード日本語補習授業校
久木田翼 ニューヨーク補習授業校
田中萬里子 サンフランシスコ補習授業校
上條恵里沙 ジュネーブ補習授業校
前野時玖 ジュネーブ補習授業校

《小五》
ハレンスレーベン瑠惟 ミュンヘン補習授業校
澤田賢和 おひさま日本語教室

《小六》
スプラドリング海莉 ダラス補習授業校
グリフィスメイジー 北東イングランド補習授業校
川島大空 香港補習授業校
浄法寺雅弘 香港補習授業校
安河内真奈 ホーチミン日本人学校
栗原明日美 ジャカルタ日本人学校

《中一》
木村祐人 サンパウロ日本人学校
水野智遥 サンパウロ日本人学校
緒方愛実 南インディアナ補習授業校
永芳遙 バンクーバー補習授業校
加藤周 アブダビ日本人学校

蒲　初音　青島日本人学校
國僧麗琳　ロサンゼルス補習授業校（サンタモニカ校）

《中二》

山口敦之　北東イングランド補習授業校
財徳優子　ジャカルタ日本人学校
青木紫乃　広州日本人学校
升田悠翔　サンパウロ日本人学校
土屋斗倭梛　イスタンブル補習授業校
神吉大地　シカゴ日本人学校
高嶋真沙羅　モンペリエ補習授業校
佐藤悠啓　プノンペン日本人学校
菊田伍真　ケレタロ補習授業校

《中三》

石田りさ　アムステルダム日本人学校

第43回 海外子女文芸作品コンクール

「俳句」の部

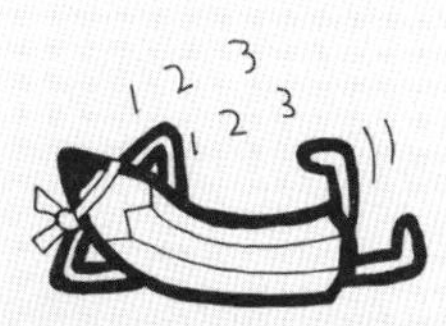

「俳句」の部
総評

髙柳克弘（俳人）

『風景のありのままを書くとよい』

俳句は絵に近いといわれています。うれしい、楽しい、さびしい、悲しいといった感情はおもてに出さないで、風景のありのままを書くとよいとされます。松尾芭蕉の弟子の各務支考という人は、「姿先情後」ということを唱えました。「姿」は、今の言葉でいうところのイメージのこと。「情」は、感情です。つまり、イメージが優先で、感情をあらわすことは、二の次だということです。

それは、感情が書けないというわけではありません。頭の中に映像が浮かぶことで、読者は勝手に、そこから作者の気持ちを読み取ろうとしてくれます。支考が「姿先情後」の例として挙げているのが、「**古池や蛙飛びこむ水の音**」という、師匠であった松尾芭蕉の句です。この句も、感情的な言葉は、ひとつも入っていませんね。ただ、古池に蛙が飛び込んでいる映像を示しているだけです。それでも、この句を読んだ人は、何かの感情を読み取ろうとします。カエルが水に落ちた音だけがするなんて、しずかでさびしい風景だな、と思う人もいるかもしれません。別の人は、カエルが活動し始める春本番の兆しと受け取って、なにかわくわくしてくる風景と思う人もいるかもしれません。解釈は、自由なのです。

今回の選考でも、魅力的なイメージの句に、何度も出会うことができました。

父の日に小さな画面でみるえがお　本多　彩華

これは映像の中で、映像を描いているという、ちょっと珍しい句です。「小さな画面」で、スマホの画面が思い浮かびます。その中に、お父さんの顔がうつっています。父の日のお祝いで、リモートで会話しているのでしょう。小さな画面と小さな笑顔という映像を示しつつ、作者の大きなよろこびを伝えています。まさに「姿先情後」です。

新緑のにおいをペロリ山歩き　プライス・ソフィ

「新緑」と「山歩き」で、ピクニックの風景が見えてきます。これだけでも、じゅうぶんたのしい感情は伝わってくるのですが、「ペロリ」という音の表現が、さらにたのしさを盛り上げています。

モナークちょうゆっくりはねをひろげたよ　塚谷　文

天高しお日様へパスフリスビー　佐久間ここ

塚谷文さんの句は、小さな風景を切り取っています。蝶の羽の動きに着目しています。渡りをする蝶の、いまは静かな羽のありように対する、静かな感動が読み取れます。佐久間ここさんの句は、大きな風景をとらえています。深く青い空と、そこに吸い込まれるフリスビーが見えてきます。秋を満喫している、浮き立つ心が読み取れます。風景しか書かないので、俳句は余白が大きくなります。その余白は読者が埋めてくれます。作者がすべて言おうとするよりも、むしろそのほうが豊かな表現が可能となるのです。

「俳句」の部　受賞作品

▼文部科学大臣賞

香港日本人学校大埔校（中華人民共和国）
小四　本多彩華（ほんだあやか）
（海外滞在年数九年三カ月）

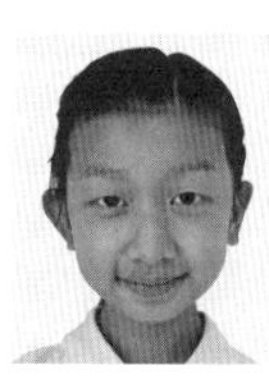

父の日に小さな画面でみるえがお

評　新型コロナウイルスによって、人と人とが思うように会えなくなって、ずいぶん経ちます。ネットを使い、リモートで顔を合わせることも、当たり前の風景となりました。この句も、遠くのお父さんと、リモートで話している場面でしょう。スマホの画面なのでしょうか、「小さな画面」なのだけれど、そこに映った「笑顔（えがお）」が、どれほどうれしかったことでしょう。人と人との絆は、いかにウイルスでも壊（こわ）すことはできないのですね。

＊（　）内は滞在国・地域を表し，アメリカ合衆国については州名を記載。
海外滞在年数は2022年７月現在の年数を記載。

▼海外子女教育振興財団会長賞

新緑のにおいをペロリ山歩き

テルフォード補習授業校
（イギリス）
小六　プライス　ソフィ
（海外滞在年数十一年）

評　「におい」というのは鼻でかぐもの。そう思いこんでいませんか。詩歌の世界は、ときに常識をだいたんに裏切ります。においを、「ペロリ」と舌で感じるといっても、良いのです。いわれてみると、みずみずしい新緑のにおいに、味もあるように思えてくるのですから、不思議ですね。季節をとらえる感覚がユニークで、読んだ人もおもわず「山歩き」にでかけたくなるような、言葉の力を感じさせる一句でした。

▼日本放送協会賞

夕暮れをバレエに通う落葉踏み

バルセロナ日本人学校
（スペイン）
中三　近藤　明
（海外滞在年数十四年十一カ月）

評　学校が終わったあと、バレエのレッスンに通っているのでしょう。最後に「落葉踏み」というフレーズが出てくることで、道を歩く作者のすがたがイメージできます。バレエを習っている作者ですから、せすじをピンとのばして、しなやかな足はこびで歩いているところが思い浮かぶのです。落ち葉をふんでいくサクサクという音も、どこかうつくしく聞こえてきます。言葉がととのっていて、端正な印象の一句でした。

▼JFE21世紀財団賞

思い出すたたみで昼ねその香り

シカゴ日本人学校
（イリノイ州）
小六 橋本侑奈
（海外滞在年数十一カ月）

評 「昼寝」は夏の季語です。夏の暑さにうばわれた体力を、昼寝で取り戻すから、というのがその理由です。とりわけ、ごろりとたたみの上で昼寝をするのは、なんとも気持ちの良いことですね。この句は、「におい」を示したのが手柄でした。たたみには、イグサの独特のにおいがあります。なかなか海外ではたたみを見かけませんから、そのにおいは、日本の記憶と、ふかく結びついているのでしょう。

▼東京海上日動火災保険賞

日本から筆箱とどく春一番

テヘラン日本人学校
（イラン）
小五 道勇胡太郎
（海外滞在年数一年七カ月）

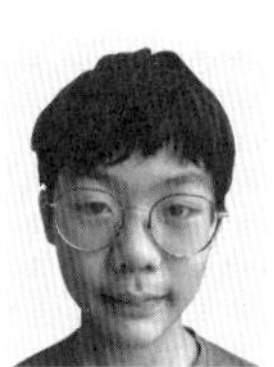

評 遠く海外まで、日本から届けられた「筆箱」。そこには、送ってくれた人の、「がんばって勉強してね」という思いがこめられています。「春一番」という季語が良いですね。春先に吹く南寄りの強い風を「春一番」といって、この風が吹くといよいよ春が本格的にやってきます。「筆箱」をとおして、作者の胡太郎さんは、日本の春風を思い出したのでしょう。まるで「春一番」に乗って「筆箱」が飛んできたように感じられるのが面白いですね。

▼日販アイ・ピー・エス賞

マスクごしアンニョンハセヨもう友に

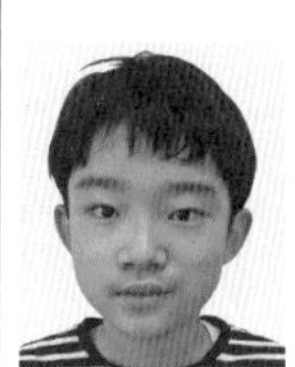

ソウル日本人学校（大韓民国）
小五　大西（おおにし）悠翔（ゆうと）
（海外滞在年数十一カ月）

評　「アンニョンハセヨ」とは、韓国の挨拶（あいさつ）で、「こんにちは」という意味。長い言葉なのですが、一句の中に、しっくりとおさまっていますね。マスクをしていて、表情はよく見えないのだけれど、「アンニョンハセヨ」と挨拶を交わせば、すぐに友だちに。不自由な時代でも、こうした挨拶を通してのつながりが、世界のあちこちで生まれているのですね。挨拶のすばらしさを、再確認させてくれる一句でした。

▼日本児童教育振興財団賞

はるはいい一人もすきだ風の音

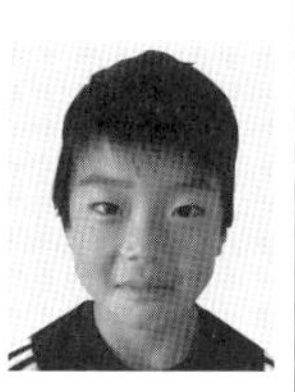

デュッセルドルフ日本人学校（ドイツ）
小三　坂本（さかもと）祥吾（しょうご）
（海外滞在年数四カ月）

評　みんなで遊ぶのも楽しいけれど、「一人」の時間だって「すきだ」という祥吾さんの意見に、共感する人も多いのではないでしょうか。まして、季節は春なのです。春の風はあたたかく、その音も冬に比べて優しくなり、人の心をやわらげます。「風の音」を出したことで、ただ心の中で思っているだけではなくて、体をとおして春の季節や一人の良さを感じていることがわかり、「はるはいい」のフレーズに説得力が出ています。

▼クラーク記念国際高等学校賞

ロサンゼルス補習授業校（トーランス校）
（カリフォルニア州）
中一　佐久間（さくま）　ここ
（海外滞在年数十二年十一カ月）

天高しお日様へパスフリスビー

評　フリスビーの楽しさを表すのに、「お日様へパス」といったのは、意表（いひょう）を突（つ）かれました。空に向かってフリスビーを投げるのは、なるほど、いわれてみれば太陽にパスを渡していることなのですね。「天高し」という秋の季語は、秋になって大気が澄み渡り、空がほかの季節よりも高く青く見えることを言います。この季語を使ったことで、フリスビーを飛ばした空の大きさや高さが見えてきて、「お日様へパス」のフレーズをより生かしています。

「俳句」の部

特選作品

なつやすみいんせきのあとみてきたよ

ニューヨーク育英学園（全日制）（ニュージャージー州）小一　田中航暉（たなかこうき）
（海外滞在年数二年）

評　アメリカの「いんせきのあと」といって、まっさきに浮かぶのは、アリゾナのバリンジャー・クレーター。夏空の下にひろがる、巨大な穴が、目に鮮やかです。「なつやすみ」という季語（きご）が、連想を広げます。クレーターを見たあと、夏休みの時間を使い、宇宙の本を読み込んだかもしれません。天文台にでかけてみたかもしれません。「いんせきのあと」をきっかけに、充実（じゅうじつ）の夏を過ごしたことがうかがえます。

モナークちょうゆっくりはねをひろげたよ

オークランド補習授業校（ニュージーランド）小二　塚谷文（つかたにふみ）
（海外滞在年数七年十カ月）

評　モナーク蝶は、日本名でオオカバマダラといい、渡りをする蝶として知られています。海の上を何千キロもの旅をするモナーク蝶。その「はね」が、いまは「ゆっくりと」動いているさまを捉えたのは、鋭い観察眼（かんさつがん）です。しずかで可憐（かれん）な「はね」には、信じられないほどのタフネスが秘められているのです。俳句で大切な点である「どこを見るか」、そして「何を見つけるか」において、すばらしい成果を見せた、お手本のような句です。

つくしだよ！ 子供にもどるお母さん

ダービーシャー補習授業校（イギリス）小三　エルゴザミィ ジェイク
（海外滞在年数九年二カ月）

評　野原で「つくし」を見つけたお母さん、小さな春の草花に、大興奮。まるで子どものようにはしゃいでいるのです。「つくしだよ！」と、お母さんのせりふを、そのまま俳句に取り入れたことで、その場面がいきいきと伝わってきますね。難しい言葉を使う必要はなく、こうしたふだんの言葉を俳句にすると、詩になるのです。「つくし」を通して、親と子の心がつながる、そんな心あたたまる一句でした。

赤とんぼにげ足はやいがおれはとる

ベルリン中央学園補習授業校（ドイツ）小四　今井悠仁（いまいゆうじん）
（海外滞在年数七年五カ月）

評　赤とんぼが「にげあしはやい」というだけでは、物足（ものた）りないのですが、この句の面白さはそこから「おれはとる」と展開したところ。どんなに速くたって、つかまえてやる！という作者の意気込みが感じられ、そこが魅力（みりょく）になっています。作者の肉声が聞こえてくる句は、思わず引き込まれてしまいますね。まるで赤とんぼと競争をしているような、あるいは力比べをしているような、まことに楽しい内容でした。

川の中岩にぶつかるアユの音

カンタベリー補習授業校（ニュージーランド）中一　益山昊大（ますやまこうた）
（海外滞在年数十二年七カ月）

評　清流の中を、アユが元気に泳いでいます。流れにさからおうとして、けんめいに体をくねらせ、ときに川底の岩にぶつかることもあるでしょう。この句の注目するべきところは、人間には聞こえないはずの、川の中の音を捉（とら）えたところです。アユを見ているうちに、アユと自分の境がなくなり、自分がアユとなって泳いでいる気持ちになったのかもしれません。川で生きるものたちの生命のかがやきを、力強く詠（よ）みました。

水草や蓮に劣らず池の上

ハノイ日本人学校（ベトナム）中二　橋本遼平（はしもとりょうへい）
（海外滞在年数十一年五カ月）

評　池の上で、うつくしい花を咲かせるハス。みんなの目を引く花ですが、この作者は、あえてハスではなく、その陰にかくれるようにして咲いているほかの水草の花に関心をむけています。みんなが「きれい」「見ておくべき」とたたえるものだけではなく、目立たないものの美しさもすくいとるのが、俳人なのです。その意味では、この句の作者である遼平くんは、もうりっぱな俳人といえるでしょう。

「俳句」の部

優秀作品

しゅうまつはすずしいよかぜとどうぶつえん

ジッダ日本人学校（サウジアラビア）小一　中村隆太（海外滞在年数四カ月）

ふねにのりいちばんでかいたきにいく

シカゴ日本人学校（イリノイ州）小一　大石仁菜（海外滞在年数二年五カ月）

うみの中まだまだはるでつめたいよ

DSC International School（中華人民共和国）小一　田中すず（海外滞在年数十一カ月）

えっぐはんとくもののなかにもあるのかな

オークランド補習授業校（ニュージーランド）小一　石嘉莉奈（海外滞在年数七年二カ月）

こうさぎににんじんあげてはるのかぜ

ニューヨーク育英学園サタデースクール（NJ校）（ニュージャージー州）小一　八木澤（やぎさわ）咲奈（さな）
（海外滞在年数七年二カ月）

ぼく見たよくるまにのったサンタさん

ウェールズ補習授業校（イギリス）小二　蓮田（はすだ）櫂（かい）
（海外滞在年数七年十一カ月）

ラーメンやでかいチャーシューふゆのよる

ウェリントン補習授業校（ニュージーランド）小二　齋藤（さいとう）まや
（海外滞在年数五年七カ月）

木のうしろかくれてつくる雪の玉

ニューヨーク育英学園サタデースクール（マンハッタン校）（ニューヨーク州）小二　ラウ悠真（ゆうま）
（海外滞在年数七年九カ月）

手をふったじゆうの女がみ風光る

ニューヨーク育英学園サタデースクール（NJ校）（ニュージャージー州）小二　對馬慈保（海外滞在年数十一カ月）

セーターがさむくてぼくをだきしめた

オークランド補習授業校（ニュージーランド）小二　西田憲右（海外滞在年数七年六カ月）

バンジールくるまのタイヤ見えないよ（バンジール：洪水）

ジャカルタ日本人学校（インドネシア）小三　植山侑香（海外滞在年数二年九カ月）

あきばれのイグアスのたきまたいくぞ

ブエノスアイレス日本人学校（アルゼンチン）小三　金原百花（海外滞在年数二カ月）

ジャンプしてはじめは冷たいとびこみ台

ベルリン中央学園補習授業校（ドイツ）小三　飯野航青（いいのこうせい）
（海外滞在年数八年八カ月）

おれのむね見ろ負けないぞゆうやけよ

デュッセルドルフ日本人学校（ドイツ）小三　原田泰誠（はらだたいせい）
（海外滞在年数一年七カ月）

書きぞめで書いた漢字はかっこいい

オークランド補習授業校（ニュージーランド）小三　ハーダー礼（れい）
（海外滞在年数八年十一カ月）

秋のたき天使の好きな水の音

ボストン補習授業校（マサチューセッツ州）小四　橋本直紀（はしもとなおき）
（海外滞在年数三年八カ月）

ぼくのねことかげつかまえぼくにがす

オークランド補習授業校（ニュージーランド）小四　モーガン　悠晏（ゆあん）
（海外滞在年数六年二カ月）

はるかぜやわちゃわちゃ走るチワワたち

ケレタロ補習授業校（メキシコ）小四　加藤（かとう）　凪紗（なぎさ）
（海外滞在年数三年四カ月）

はるやすみかわいいひなをみとどける

アムステルダム補習授業校（オランダ）小四　井上（いのうえ）　新太（あらた）
（海外滞在年数三年一カ月）

レマン湖でおよぐほうこうモンブラン

ジュネーブ補習授業校（スイス）小四　上條（かみじょう）　恵里沙（えりざ）
（海外滞在年数十年）

弟がおこって泣いてかしわもち

シャーロット補習授業校（ノースカロライナ州）小四　ロウィ　英茉（えま）
（海外滞在年数十年二カ月）

ゴッホさんあなたも見たのこの緑

アムステルダム日本人学校（オランダ）小四　松崎（まつざき）　葵（あおい）
（海外滞在年数一年四カ月）

夏の夜カンアン橋に光あり

釜山日本人学校（大韓民国）小四　泉（いずみ）　悠真（ゆうじん）
（海外滞在年数三年二カ月）

ユーチューブ見あきた時にとんぼとり

ニューヨーク育英学園（全日制）（ニュージャージー州）小四　長峯（ながみね）　惟喬（いきょう）
（海外滞在年数三年一カ月）

かぜをあびスターフェリーでなつきたる

香港補習授業校（中華人民共和国）小四　明石彩希（あかしさき）
（海外滞在年数九年九カ月）

風花だ太陽と雪どっち勝つ

デュッセルドルフ日本人学校（ドイツ）小五　松下志帆（まつしたしほ）
（海外滞在年数四カ月）

たきいけず黒りすみつけしまりすも

ヒューストン補習授業校（テキサス州）小五　吉田紗季（よしださき）
（海外滞在年数五年十一カ月）

合ってるか？　どきどき組み立てテント立て

オタワ補習授業校（カナダ）小五　温井穂高（ぬくいほだか）
（海外滞在年数一年）

空高くやしのしゅうかくよじのぼれ

ジャカルタ日本人学校（インドネシア）小五 藤本（ふじもと） まゆり
（海外滞在年数三年）

運動場コブラもいるよインドネシア

ジャカルタ日本人学校（インドネシア）小五 植山（うえやま） 紗衣（さえ）
（海外滞在年数三年二カ月）

雨の月ランブータンの実がゆれる

ジャカルタ日本人学校（インドネシア）小五 原（はら） 彩華（あやか）
（海外滞在年数三年二カ月）

ハンモックいきなり空中遊園地

ワシントン補習授業校（メリーランド州）小五 小鍛治（こかじ） 杏奈（あんな）
（海外滞在年数一年四カ月）

ドドドドンドラゴンボートはじまった

香港補習授業校（中華人民共和国）小五　磯村東子（海外滞在年数十一年）

ボコボコと魚とおしゃべり海の中

ポートランド補習授業校（オレゴン州）小五　竹内晟（海外滞在年数二年十一カ月）

競泳の記録更新回転寿司

サンジェルマン・アン・レイ補習授業校（フランス）小五　戌亥恵麻（海外滞在年数十年九カ月）

森の国きのこいろいろ自然の子

ベルリン中央学園補習授業校（ドイツ）小六　有田帆那（海外滞在年数十二年）

蓮の花ジョギングコースがんばれる

ハノイ日本人学校（ベトナム）小六　中内彩葉
（海外滞在年数十一年四カ月）

水筒の中身は朝摘みレモネード

イスラマバード日本語クラブ（パキスタン）小六　白井奏伍
（海外滞在年数十一年九カ月）

風光る父と自転車川めざす

ケント補習授業校（イギリス）小六　日下部禅音
（海外滞在年数十一年七カ月）

ゆかたきて人種をこえてみな笑顔

パリ日本人学校（フランス）小六　高木義光
（海外滞在年数一年十一カ月）

雪解けに想う親友帰らないで

ニューヨーク育英学園サンデースクール（ニュージャージー州）小六　リン　海安
（海外滞在年数十一年六カ月）

ももの木がさびしそうだよ絵をかこう

ニューヨーク育英学園サタデースクール（マンハッタン校）（ニューヨーク州）小六　市川皓二郎
（海外滞在年数十一年二カ月）

プール後に母と天然石選ぶ

シカゴ補習授業校（イリノイ州）小六　佐々木恵里菜
（海外滞在年数十一年九カ月）

ママわめく鹿たち花を食べちゃった

アトランタ補習授業校（ジョージア州）小六　青園毬愛
（海外滞在年数十一年三カ月）

暑い日も優しい笑顔オラウータン

ジャカルタ日本人学校（インドネシア）中一　篠崎（しのざき）すみれ
（海外滞在年数四年八カ月）

雨続くしめりしシャツも青葉の香

青島日本人学校（中華人民共和国）中一　蒲（かま）初音（はつね）
（海外滞在年数十二年十カ月）

雪溶けて水に映った草きらり

ニュージャージー補習授業校（ニュージャージー州）中一　上釜（うえかま）樹珠（じゅじゅ）
（海外滞在年数十二年三カ月）

メキシコの色なき秋やすなぼこり

ケレタロ補習授業校（メキシコ）中一　稲葉（いなば）優月（ゆづき）
（海外滞在年数四年二カ月）

茶を淹れた静かな午後に雹跳ねる

ロンドン補習授業校（イギリス）中二　ウォルシュ　湖音（このん）
（海外滞在年数十三年十一カ月）

母と見る線香花火反抗期

個人応募（マレーシア在住）中二　伊藤　龍之介（いとう りゅうのすけ）
（海外滞在年数一年十カ月）

さくらさくカラフルヘアーの我が友よ

リッチモンド補習授業校（バージニア州）中二　小寺　智佳子（こでら ちかこ）
（海外滞在年数九年三カ月）

きいちごのエナジーチャージ通学路

北東イングランド補習授業校（イギリス）中二　ヘーゼル　アシェン
（海外滞在年数十三年十一カ月）

都市封鎖いつの間にやらさくらんぼ

上海日本人学校（浦東校）（中華人民共和国）中三　紀伊美聖（きいみそら）
（海外滞在年数十四年七カ月）

待ってるよ絵手紙一通青田波

アムステルダム補習授業校（オランダ）中三　斉藤あやな（さいとう）
（海外滞在年数十五年二カ月）

学校へ一歩秋風未知の場所

サンフランシスコ補習授業校（サンノゼ校）（カリフォルニア州）中三　太田愛心（おおたえみ）
（海外滞在年数十四年四カ月）

前に鹿後ろに野牛ここに私

シカゴ日本人学校（イリノイ州）中三　坂田真倫子（さかたまりこ）
（海外滞在年数三年十一カ月）

「俳句」の部 「佳作入選者」一覧 128名

《小一》
安田帆那　ニューヨーク育英学園サタデースクール（NJ校）
佐々木誠吾　DSC International School
堤　双海　STUDIO．S日本語教室
中尾　希　オークランド補習授業校
島田煌大　シカゴ日本人学校

《小二》
ロバーツ スカーレット　オーランド補習授業校
春山莉子　広州日本人学校
伊藤有吾　マドリッド補習授業校
レイング 藤原 和雄　オークランド補習授業校
立山明日花　パナマ日本人学校
小崎康志　ウィーン日本人学校
関戸璃音　ロンドン補習授業校

《小三》
アンドレス 恵美　ジュネーブ補習授業校
宮本　晟　ジュネーブ補習授業校

村中 アーネスト　ジュネーブ補習授業校
小野樹平　サンフランシスコ補習授業校（サンノゼ校）
藤崎巴吏秀　イスラマバード日本語クラブ
福島春樹　デュッセルドルフ補習授業校
リダー 蓮太郎　ミネソタ補習授業校
リダー 歓多朗　ミネソタ補習授業校
井上舞子　アムステルダム日本人学校
塩津　彩　ロンドン補習授業校
小川美希　シンガポール補習授業校
ラヅガブ イブラヒム　チュニス補習授業校
藤原志有　ハノイ日本人学校
髙嶋晃成　イスラマバード日本人学校
福井駿斗　デトロイト補習授業校
増子海杜　ハイデルベルク補習授業校
桐原明奈　STUDIO．S日本語教室
戌亥仁奈　サンジェルマン・アン・レイ補習授業校
林崎茉弥　フランクフルト補習授業校

石橋佑帆　ニューヨーク日本人学校
上野康希　ジャカルタ日本人学校

《小四》

三好天愛　香港補習授業校
中尾紗桜里　香港補習授業校
後藤琉維　カルガリー補習授業校
グッドマン ケイラ　オースチン補習授業校
ウィン セオドア　ニューヨーク補習授業校
キャドワラダー かな　ニューヨーク補習授業校
足永里菜　ニューヨーク補習授業校
サンサリック アイリス　オーランド補習授業校
渥美公朗　オスロ補習授業校
アルゲタ マヤ　ロサンゼルス補習授業校（サンゲーブル校）
リン海心　ニューヨーク育英学園サンデースクール
久保田圭織　アトランタ補習授業校
松山城司　オークランド補習授業校
グリフィン 香音　北東イングランド補習授業校
石田幸太郎　アムステルダム補習授業校
スミス ダニエル海　ロンドン補習授業校
塚本湊　ウィーン日本人学校
緒方智紀　パナマ日本人学校
根岸瑠依　シカゴ補習授業校

須田祥吾　デュッセルドルフ日本人学校
平川将成　デュッセルドルフ日本人学校
西谷嶺那　マドリッド補習授業校

《小五》

飯塚仁　青島日本人学校
竹板朋香　青島日本人学校
臼井仁菜　ブエノスアイレス日本人学校
松井あいり　ロサンゼルス補習授業校（トーランス校）
中島寛明　ニューヨーク補習授業校
今泉杏路　香港補習授業校
千田花恋　サンフランシスコ補習授業校（サンノゼ校）
松永茉莉奈　ワイタケレ補習授業校
池田絆夏　アリゾナ学園補習授業校
綾部智仁　シンシナティ補習授業校
ハミルトン 心咲　ベルリン中央学園補習授業校
伊藤都和　ニューヨーク育英学園サタデースクール（ポートワシントン校）
今野礼菜　ニューヨーク育英学園サタデースクール（ポートワシントン校）
浅野里彩　ニューヨーク育英学園サンデースクール
柿沼泰佑　オークランド補習授業校
川口晴大　シラチャ日本人学校
牧野耕士郎　シラチャ日本人学校
駒祐成　モンテレー補習授業校

木下唯颯　チカラン日本人学校
村井　智　ハイデルベルク補習授業校
楠田悠愛　個人応募（アメリカ在住）
高田隆平　メキシコ日本人学校
菅原大誠　メキシコ日本人学校
若林　涼　イスタンブル補習授業校
愛波杏菜　シンガポール日本人学校小学部クレメンティ校
割田実羽　ホーチミン日本人学校
阪本奏帆　ホーチミン日本人学校
浅井沙彩　ジャカルタ日本人学校
金子華恋　上海日本人学校（浦東校）

《小　六》

杉本海彩　おひさま日本語教室
田中悠都　シンガポール日本人学校小学部クレメンティ校
松永高志　ニューデリー日本人学校
加藤恵理沙　ロンドン補習授業校
杉山瑠涼　シカゴ補習授業校
高橋櫂人　ハノイ日本人学校
中島　唯　ミュンヘン補習授業校
佐藤伊織　オークランド補習授業校
小島志保　シカゴ日本人学校
森　菜陽　シャーロット補習授業校
横山創志朗　クアラルンプール日本人学校
芳賀絢郁　デトロイト補習授業校
設楽凰介　ハノイ日本人学校

《中　一》

平岩拓実　パリ日本人学校
ブィトロン光叶　キト補習授業校
佐藤太河　バンクーバー補習授業校
齋藤るか　ウェリントン補習授業校
馬場武虎　南インディアナ補習授業校
キャメロン龍星　シャーロット補習授業校
堤　星衣夏　カンタベリー補習授業校
水上夏月　ハノイ日本人学校
江﨑弘太　シラチャ日本人学校
平野沙弥　オークランド補習授業校
竹中花音　オークランド補習授業校
河野あいね　インディアナ補習授業校

《中　二》

トムソン広樹　バンクーバー補習授業校
リフウォフスカヴィクトリア　カイロ日本人学校
菅田菜嘉　ミュンヘン日本人学校
湊　雫玖　マイアミ補習授業校
マッカイ紅愛　カンタベリー補習授業校

鳥居 胡春 ポートランド補習授業校
岡田 光 アデレード日本語補習授業校

《中三》

西澤 璃音 イーストテネシー補習授業校
百﨑 杜和子 シカゴ補習授業校
河野 匠翔 デュッセルドルフ日本人学校
北原 舞 シカゴ日本人学校
松本 有莉 ロンドン日本人学校
ホフマン ルカス 悠貴 デュッセルドルフ補習授業校
三谷 峡花 ジュネーブ補習授業校
勝又 櫻介 高雄日本人学校
古賀 皓翔 個人応募（中華人民共和国在住）
上田 明日香 カンタベリー補習授業校
畑 心結 ジャカルタ日本人学校
関口 敬太 深圳日本人学校

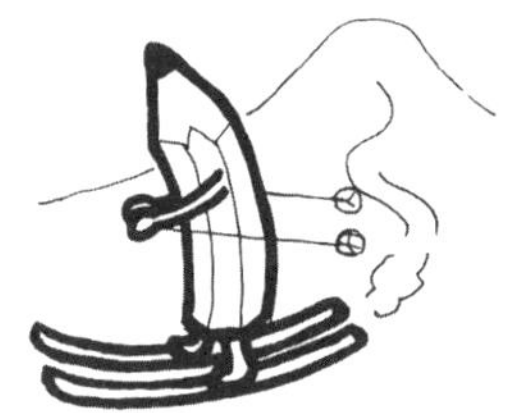

地球に学ぶ

第43回 海外子女文芸作品コンクール

「作文」の部

「作文」の部
総評

『確かな自己肯定感を育む』

宮地敏子（児童文学者）

第四十三回海外子女文芸作品コンクールには、全体として世界各地から昨年より五千六十六も多い、二万三千八百八十一作品が寄せられました。「作文部門」には二千二百六十四人が挑戦しました。第一次・第二次審査に当たられた在外での教師経験豊富な先生方が、作品集『**地球に学ぶ**』にふさわしい作品として、多様かつ包摂的な視野で選ばれた五十七作品は、さらに最終審査では再度、新鮮さや、適切な日本語、年齢にふさわしいかなどを検討し合い十四作品を選びました。本年度は例年よりさらに甲乙つけがたいところがありました。事実、最終審査員全員が一致して高い評価をする作品はなく、長時間活発な話し合いが持たれました。私は一九九〇年代と、二〇一一年からそれぞれ一〇年ほど審査に関わり、身近には帰国子女や在外で学ぶ子どももおります。この間、子どもたちのしなやかな感性に目だった違いがあるとは思えません。湧き立つような好奇心に寄り添い、日本語に表現する際、助言をする保護者や先生方の努力も不変だとすれば、今回、優秀作が伯仲したのはなぜなのでしょうか。

子どもそして大人たちの「海外」との距離が近くなり、驚きの質が変化したのではないか。特に新型コロナウイルス感染症下、情報通信技術の著しい進展で、時々刻々世界の動きが家庭に入ってくる状況。また遠方の人たちと容易にビデオ会話ができることなど、在外で子どもたちが育つ日常は、さまざまな〈ちがい〉を感じるのと同時に、混迷のさなかでも、より善い〈おなじ〉を無意識に模索する方向に向かっているのではと感じました。これは感性の鈍化とは異質で、むしろ精神的な成長といえるのかもしれません。

これと関連して印象に残ったのは、子どもたちの「自己肯定感」についてです。文芸作品コンクールの作文には定番といえる「異文化にどう適応していったか」という自分を模索する作品に、変化を感じました。それは、自粛を促されたコロナのせいか、ＳＤＧｓの広範な呼びかけのせいか、はたまた多様性を尊ぶ世界的な思潮のせいか混沌として見えにくいのです。しかし、子どもが異なる文化と出会い、不安と闘い勇気を出して相手と向きあい、得意なことを通して友達になる。こういうお決まりの表現からの飛躍が観られました。自己肯定感が、多様な他者相互の共生体験を通じて育まれることを、読み手に確かに伝わる作品が増えました。これは在外の場で、周りと自分を客観的にとらえる認知力がしっかり育っている証なのかもしれません。小学三年生の『**はじめてのポップコーン売り**』（海外子女教育振興財団会長賞）、中学三年生の『**ふるさととのきずな**』（文部科学大臣賞）は、それぞれの年齢で、「他者」と共に在る「自分」の充実した成長が、心に響く作品と言えましょう。

今回は敢えて、受賞作の個別な紹介は避けました。総評も子どもたち向けとはいえません。力作全部を、学校でまた家庭でお子さんと読み合い、世界各地で日本語を学び続ける仲間や、お姉さんお兄さんたちの作品について、たくさん話し合っていただければ幸いです。

来年は、お子さんが見つけた題材が、すくすく育ち、結実した作文を、楽しみに待っています。

「作文」の部 受賞作品

▼文部科学大臣賞

『ふるさととのきずな』

デュッセルドルフ補習授業校
（ドイツ）
中三　宮原（みやはら）　由希（ゆき）ソフィー
（海外滞在年数十五年一カ月）

「今年、四月一日から日本の民法改正により、成人年齢は十八歳となる。」このニュースを聞いて私は、正直「それで。」と他人事にしか思わなかった。ドイツでは以前より十八歳で成人するので、私にとって何も特別なことではなかった。ところが、この法改正によって私も十八歳になったら、今の二重国籍からどちらか一つを選ばないといけなくなる。ドイツ国籍を選べば、日本に帰っても、空港で母と同じゲートではなく、外国人用のゲートから入国することになると母に言われた時は瞬時に頭をハンマーでなぐられたような衝撃を受けた。その上、もしまた今回のコロナパンデミックのような事態が起これば、外国人は日本に入国することさえできなくなるのだ。この現実を想像した時は、もはや他人事どころではなく、私の人生で最も重大な決断が、今回二年も早まって、いきなり五年後に迫ってきたことになるのだ。

気になって法務省のウェブサイトで調べてみたら、日本の国籍法第十四条第一項には、これまで「二十歳に達する以前に二重国籍となった場合、二十二歳に達するまでに国籍の選択をすること」と記載があり、それが今回の「民法の一部を改正する法律」の成立によって、国籍選択が二十歳となる。それに対して、私のもう一つの国、ドイツでは、一般的に二重国籍が許可されている。その

＊（　）内は滞在国・地域を表し，アメリカ合衆国については州名を記載。
海外滞在年数は2022年７月現在の年数を記載。

理由はヨーロッパ大陸の中という地理的なこと、また過去に労働力を必要として外国人を受け入れた政策といった歴史的な背景もあり重国籍をきっちりどちらかとして捉えず、状況に応じたオプションとしているからだ。

私はドイツ人の父と日本人の母を持つドイツ生まれのハーフ。ドイツと日本の二重国籍を持ち、両方を祖国として生きてきた。普段、父とはドイツ語で、母とは日本語で会話し、ドイツでは自己を主張すること、また日本では協調性を重んじることを学んできた。このように、二つの国は私にとってどちらもふるさとなのだ。私の親族の大半は日本で暮らしているので、毎年夏休みに日本へ帰る。今まで住んでいるのはずっとドイツだが、日本人として認められ、自分のことを日本人と見られることを誇りに思ってきた。

ただそのためには今日まで毎日努力もしないといけなかった。例えば小学一年から中学三年まで、通算九年間毎週土曜日にデュッセルドルフ日本語補習校に通い、日本語を勉強してきた。その九年間には投げ出したくなることも何度もあったが、

「由希、日本語もお前の母国語だよ。日本語がきちんと話せることは一生の宝だよ。それにおじいちゃんやおばあちゃん、家族皆日本人なのに、自分一人だけ日本語が話せなくてもいいのか。」

と母に叱咤（しった）激励されてきた。冷静に考えると、確かに母の言うことは正しいと実感できる。私は日本人なので、日本語が話せることは当然だ。日本に帰る時にはいつも家族に温かく迎えられて、乗っている飛行機が日本に着陸するだけで「帰った。」と感じ、安心感に包まれる。母には「帰った」という表現は間違いだと指摘されるが、間違いではない。自分でも不思議に思うが、日本へは「行く」のではなく、「帰る」が正しい表現なのだ。

また、ドイツにいて現地の学校などで「日本」と聞くだけでひとりでに心が熱くなり、直接自分に話しかけられている気がする。しかし、このような私の日本に対しての思いと同様に今日まで生まれ育ったドイツへの思いもある。一体私はどうしてこの二つの国のうちのどちらかを選べばよいのだろう。そう思うだけで胸が張り裂けそうになる。

今、信じられないが、世界では戦争が起こっている。私とは違うが、二つのふるさとの選択で心を痛めている人達は他にもいる。今ウクライナから戦争のためにふるさとを逃れた人々は、生きるために難民として外国で生活を一から立て直している。私はそのような経験がないので、実際はどうか想像はできないが、多分私以上につ

らいと思う。将来のことを考えると、ウクライナ人は家族のこと以外にもウクライナの自国の現状に対しても大変心配し、自国の存続に大きな恐怖感すら持っているのではないかと想像できる。今日までウクライナ人として生きてきたウクライナ人が生きるための選択として、国籍を換えて故郷を諦めないといけない。こんなことを考えると、涙が出そうになる。

私はウクライナからの難民と私の間で、ふるさとへの深い結び付きといった共通点を見つけた。もちろん一人ひとりにとってのふるさとの意味は違い、その大切さには個人差がある。だが、自分が育って住み慣れた土地とそれを取り巻く環境、そしてそれに関わるいとおしい思いなどは、自分にとってかけがえのない大切なものだ。ふるさとは、自分を作ってくれた一生忘れられない存在なのだ。

このふるさとへの思いはドイツと日本の両方に抱く私の本心で、どちらかの方が好きかなど決めることなどできない。国籍を離脱しないといけない、その決断によって国民であるという証明を失うことになる。私はドイツに住んでいる、という単なる便利さという観点ではドイツの国籍を選ぶ方が普通だと思うが、初めて外国人として日本へ入国する日を思い浮かべると鳥肌が立つ。日本そのものには未来も変わりがないが、今私の抱く深い結び付きを感じなくなってしまうことが怖くて心配だ。果たして、外国人として今と同じように受け入れてもらえている気持ちになれるか今の私には全く分からない。

今、私が本当に残念に思うことは、他の国では許可されている二重国籍がよりによって私の両国、ドイツと日本の間で許可されていないことだ。私の調べたところでは、許可していないのはドイツではなく、日本側だ。ドイツの国籍法が何度も改正して今の形になっているように、日本の国籍法もできないはずがない。今後さらに国際化が進むことを考えると、私のようなケースには白か黒かだけではない別のルールを設け、今の禁止が解禁されることを強く望む。私にはどうしてもこのドイツと日本の間で選択することができない。日本は私の母国、ドイツは私のVaterland（父国）まさに母と父なのだ。ふるさとと家族とのきずなは何よりも強いものなのだ。

▼海外子女教育振興財団会長賞

『はじめてのポップコーン売り』

南インディアナ補習授業校（インディアナ州）
小三　堀田悠翔（ほったゆうと）
（海外滞在年数一年三カ月）

「やったー、売れたー、サンキュー。」

「はじめて売れた、イェーイ。」

ジャックとハイタッチをした。

今日は、はじめてのボーイスカウトのポップコーン売りだ。キャンプなどの活動ひを、自分たちで、かせぐのだ。大きなホームセンターの店の前にテーブルをせっちして、ポップコーンを売らせてもらう。

今日のたんとう時間は、二人で三時間。ジャックとぼくの二人だけ。テーブルにポップコーンをならべる。お客さんが見やすいように考えてきれいにディスプレイした。そして、全商品のしゅるいとねだんをおぼえた。

パートナーのジャックは、ぼくより一つ下だけど、もう何年もけいけんずみ。ぼくは、今年から入ってまもないので、ポップコーン売りのことは、何も知らない。何と声をかけたり、どこに立ったらよいか教えてもらった。

ジャックは、ベテランポップコーン売りだ。さっそくどんどん店の中から出て来た人たちに、せっきょくてきに声をかけはじめた。ぼくは、ジャックの手本を見ていた。本当に買ってくれる人がいるのかな。一つも売れなかったらどうしようと思っていた。しかもポップコーンは、びっくりするほどねだんが高いのだ。ぼくは、がんばらないといけないと思った。二人で、ドアのりょうはじに立ってぼくも手つだいはじめた。

すぐにぼくの方に人が近づいてきた。よし、声をかけるぞ。でも、きんちょうしていたから、むりだった。つぎは、がんばるぞ。

「ハロー、ぼくたちのボーイスカウトのかつどうに協力してくれませんか。」

おじさんが、にっこりわらって通りすぎて行った。きっと声が小さくて聞こえなかったんだろう。

「ハロー、ポップコーン買ってくれませんか。」

一しゅんおばあさんが、立ち止まってくれた。もう一回声をかけるぞ。だけど、

「いそいでるからごめんね。」

と、行ってしまった。でも、止まってくれて話ができたので、少しじしんがついてきた。もう少し大きな声で話しかけられる気がする。

　ジャックの方を見てみると、お客さんと話をしながらポップコーンテーブルにつれて行った。今日さいしょのポップコーンが売れるかも。やった、今日はじめてのポップコーンが売れた。二人でいっしょに大よろこびした。

「ジャック、さすがだね。」

「次は、キミの番だぞ、がんばれよ。」

　ジャックに言われ、やる気が出てきた。ようし、本気モードだ。それからは、大きな声で、声かけが出来るようになった。

　どんどんお客さんに声をかけてみた。三、四組目で、四人家族のお父さんが、

「いいよ、買ってあげるよ。」

と、言ってくれた。びっくりしてかたまった。

「ありがとうございます。どうぞこちらへ、どのポップコーンがいいですか。」

　その家族は、五分くらいなやんでいた。

「デラックスセットください。」

　ぼくは、そのしゅんかんものすごくうれしかった。だって、はじめて売れたポップコーンが、この中で、一番高い商品なんだから。ジャックと大よろこびで、ジャンプした。

　十月だけど、まだまだあつい中、あせだくになりながら、ジャンジャンポップコーンを売った。はじめは、心配だったけど、アメリカ人は、みんなやさしくて、たくさん売れた。

「ポップコーンを食べないから、あなたの分を買ってあげるよ。」

と、一人のおばさんが言ってくれた。ぼくは、びっくりした。ふたんをかけたくないので、一番安いポップコーンをえらんだ。そして買った物をその場でくれた。ポップコーンはいらないからと、きふだけをする人もたくさんいた。きふボックスもお金でまんぱいになった。

　この日、ぼくは、たった三時間で三十二ふくろものポップコーンを売った。アメリカ人がこんなにも買ったり、ぼ金をしてくれるとは、思いもしなかった。ぼくにとって物を売ることや、きふあつめは、はじめての体けんだった。しかも、アメリカで。その上英語で知らない人に話しかける。そしてなんと、ぼくは、ジャックよりたくさんポップコーンを売ったのだ。

「はじめてのことは、うまくいかなくてもあたり前だよ。しっぱいしてせい長するんだよ。とりあえず、チャレン

ジしてみよう。」
と、はじめる前にたい長から教えてもらった。大へんな一日だったけど、ぼくはゆうきを出して、ポップコーン売りをがんばった。

「グッジョブ。」

　ジャックやみんなからほめられた。何でもやれば、出来ると、じしんがついた。これからも、アメリカで新しいことにどんどんチャレンジしていくぞ。

▼日本放送協会賞

『決戦は金曜日～私の選挙運動～』

リッチモンド補習授業校（バージニア州）
中二　小寺智佳子
（海外滞在年数九年三カ月）

「プレジデントに立候補しようと思うの。」

「え、そんな重要な役割はアメリカ人にお任せしたらいいんじゃないの？」と母が言った。母の言葉に違和感を感じた。

「どういう意味？　なぜ私が学校の生徒会長になってはいけないの？」

「本当に大丈夫なのか心配なだけ。学校をまとめていけるの？　あなた自身にも負担がかかるんじゃない？」

　現地校のテスト週間が無事終わり、Ｇ７も残りわずかな五月。私はＳＣＡ（生徒会）の先生から受け取ったプレジデント立候補の書類に動機や目標を記入して家に持ち帰った。あとは保護者欄にサインしてもらい全校生徒に届けるスピーチ動画をとるだけだった。サインと動画撮影の手伝いをお願いしようとウキウキしながら母に報告したのだが、母の口から出てくる言葉は期待していたものとは違っていた。マイナス思考で本当にいやになる。まだ何人立候補するか、誰が当選するかも分からないのに、不安を並べて心配を助長させる。どうして大人は先の心配ばかりして結果を決めつけるのだろう？　しぶしぶ母はサインしてくれたが、そのあともブツブツと不安をもらした。

　私は日本人だが、父の仕事の関係で三歳からずっと海外暮らしだ。アメリカは四年目でコロナの影響により一時ストップした活動も再開され、だいぶ学校や地域のシステムにも慣れてきた。通っている中学校の雰囲気もよく、去年生徒会活動をお手伝いしていろんなことを学んだ。例えば、アメリカは日本とは違いいろんな人種が集まっている。それぞれの宗教や文化、食生活を尊重しながらイベントの企画をしたり、身体障害者の友達のスポーツ大会のサポートをした時、ご家族からの感謝の声に元気をもらえた。この学校の代表としてミドルスクール最後の年に多くの友達と協力し、学校生活を盛り上げたいと思って立候補しようと思ったのだ。候補者一人目カーリー、学校のチアリーダーとして活躍する明るく元気なアメリカ人。候補者二人目カプリ、落ち着いて賢い勉強家のアメリカ人。そして三人目私、小寺智佳子、鹿児島生まれで海外を転々としてきた日本人。これから一週間の選挙活動を行って、オンライン投票によって金曜に結果がでる。まさに決戦は金曜日だ。

私の選挙活動はまず、ポスター作成から始めた。学校のアドバイザリー中にパソコンで「VOTE　CHIKAKO　KODERA」と伝えたい事をシンプルに書いてイラストを挿入しパソコンで作成した。月曜にはホールや食堂に候補者全員のポスターが貼り出された。次に、全校生徒向けのスピーチ動画を撮る。家のリビングや暖炉前、庭、自分の部屋、色んな場所で撮影してみたが、玄関前でのスピーチが一番流暢にスピーチできていたのでこれに決定。私の公約は一．それぞれの違い、個性を受け入れる。二．募金活動でローカルコミュニティーに貢献する。三．ティーンの悩みの専門家に来てもらい講演してもらうこと。この三つの目標を掲げて私は身も心もコロナから脱出し、ミドルスクール最後の一年をどっぷり友達と楽しく締め括りたいと願っている。そして、私の事を学校のみんなに知ってもらって、プレジデントとして選んでもらえるかが最大の問題。先輩や同学年は、生徒会とテニスチームの活動を通して友達も多いけれど、ターゲットは新しく入学してきた一つ下の後輩たちだ。選挙活動のルールがいろいろある中で頭を悩ましていた私に先輩がアドバイスをくれた。それはSNSを使った拡散だ。サングラスのレンズに「VOTE　CHIKAKO」と書いて、いろんな人にかけてもらい写真を撮ってSNSにアップしてもらう。友達の友達にも見てもらえるチャンスが広がるということだ。このちょっとアグレッシブとも思える作戦は大成功。学校のランチタイムや迎えの車を待っている間、私とサングラスをかけて写真を撮りたい人の列ができて多くの後輩にも名前を知ってもらうことができ、たくさんの応援の声をかけてもらった。久しぶりに学校生活を満喫し、生きてるという充実感とともにあっという間に金曜日の朝になり、オンライン投票が終わってしまった。

　母と父は週末そわそわして、「よく頑張ったよ。結果はどうであれ素晴らしい経験になったね。」とか「こんな挑戦をできてるなんて誇らしいよ。」と言葉をかけてくれた。いつでも優しい家族。私が落選して傷ついて、悲嘆にくれないように気を使っているのだ。落選するかもしれないことは立候補した時から覚悟しているしカーリーもカプリも尊敬できる大切な友人だ。あの二人のどちらかがプレジデントになっても私は応援しサポートしていくつもりだ。私は、ふと母との会話の違和感を思い出していた。母はきっとものすごく心配してくれていたんだ。私が落ち込んだり、周りから注目を浴びることによる危険、アメリカではマイノリティーで日本人に対する感情から。私が立候補したことに驚いた母とはきっと価値観も少し違うのだろう。母はいろんな経験や人生を重ねていくうちに、失敗や壁にぶつかり、価値観をアップデートしてきたのではないか。私が立候補することで傷ついたり、他のことが疎かになることから私を守ろうとおもったのだろう。そんな思いがきっと「そんなことはアメリカ人にお任せしたら」という言葉に凝縮されていたんだと思う。結果で証明できるのが一番いいけど、「ママ、そんなに心配しないで。大丈夫だから、どんな結果でも受け入れるし、やり遂げるから、私は意外と強いよ。」私はそっと心の中でつぶやいた。

　月曜の朝、校長先生に呼びだされた。

「Ｃｏｎｇｒａｔｕｌａｔｉｏｎｓ、ｙｏｕ　ａｒｅ　ｏｆｆｉｃｉａｌｌｙ　ｏｕｒ　２０２２―２０２３　ｓｃｈｏｏｌ　ｐｒｅｓｉｄｅｎｔ。」

　そうだ、私はプレジデントに選ばれたのだ。そして午後には全校放送でみんなにも知れ渡った。一緒に戦ったカーリーとカプリはすぐにかけつけ「おめでとう」と言ってくれた。本当に尊敬するに値する素晴らしい友達。多くの友人が祝福してくれた。目の前がとても明るくなって来るのがわかった。私の思いと存在が認めてもらえて、大きな一歩を踏み出せたのだ。この結果は私一人のものではなく、こんな私に投票してくれたみんな、よきライバル達、的確なアドバイスをしてくれた先輩、素晴らしい学校、コミュニティー、そしてなにより見守ってくれた家族のおかげだ。私は選挙活動というバッターボックスに立ち、がむしゃらにバットを振ったらプレジデントに選ばれた。こうなりたいという未来は黙っていて手に入るわけではない。リスクがあるかもしれないけど、失敗をおそれず、自分から行動を変えないと進めないのだ。コロナで時間がとまり、アメリカもすごいスピードで元の日常に戻ろうとしている。笑顔の裏で、寂しい思いや置き去りにされた気持ちでいる人も多いと思う。きっと私もそうだった。これからはどうすれば多くの人が一緒に楽しい時間を過ごせるか、立ち止まって声を聴きながら考えてみようとおもう。そして国籍や性別に関係なく、「智佳子がいてくれてよかった。」と思ってもらえる人になっていけるように学びと成長を続けていきたい。

▼JFE21世紀財団賞

『大切な夏休み』

台北補習授業校（台湾）
小六　識名美波
（海外滞在年数十一年六カ月）

私は小さいころから台湾の基隆・八斗子という小さな港町に住んでいます。家の目の前には綺麗な海があり、好きな時に海に遊びに行くことができます。窓を開けると海の匂いがし、夜になるとイカ釣り漁船がまるで海の上を漂っている小さなホタルのように見えます。都会から離れた港町なのでまわりには日本人は自分の家族以外全くいません。アメリカンスクールや日本人学校は一切ありません。そのため、私は現地校で勉強をしています。こののどかな港町でも去年の五月ごろ、台湾全土でコロナの感染が広がったため、夏休みまでの期間はオンライン授業になりました。そして、夏休みもほとんど出かけられない状況が長く続きました。

オンライン授業が始まったすぐのころ、母が急に毎朝海へ行ってゴミ拾いをすると言い出しました。私と妹は朝早い時間にたたきおこされ、嫌がりながら海でゴミ拾いをすることになりました。ゴミ拾いをする場所は家からすぐ近くで、昔から家族で良く磯遊びをしていた海岸です。朝早く行くと数名のおじいさん、おばあさんが散歩をしているだけです。ゴミ拾いをする前に音楽をかけながらラジオ体操をするので、私は周りからみられるのがとても恥ずかしかったです。

六月にもなると毎日三十五度以上になるので、ゴミ拾いのついでに、海で泳ぐようになりました。最初は海水のしょっぱさや暗い色が怖くて浅瀬でしか泳げませんでしたが、毎日入るうちに、足のつかない深いところへ行っても怖くならなくなりました。深いところでは、より一層色とりどりの魚たちが自由奔放に泳ぎ回り、珊瑚は伸び伸びとして太陽に向っている様子を見ることができます。まるで別の世界に来て魚たちとたわむれている感覚になります。私は綺麗な海を毎日楽しんでいました。後から近所に住んでいる友達もさそって、一緒に海で泳いだり、ゴミ拾いをするようにもなりました。

　ある日ゴミ拾いをしていると、知らない人から「ありがとう」と突然言われました。その人も毎朝泳ぎにきていた近所に住んでいる張さんという方です。初めはどうして「ありがとう」と言われたのか、その理由が分かりませんでしたが、何度か顔を合わせているうちに、現地の里長だと知りました。

　海岸には毎日たくさんのゴミが漂着します。朝ゴミ拾いをしても、次の日には同じようにたくさんのゴミが漂着しています。発泡スチロール、ペットボトル、レジ袋、漁具などプラスチック類がとくに多く、海岸の砂を掘ってみると、砂の中から今問題になっているマイクロプラスチックも出て来ます。私は人がどれだけ海を汚染しているのか強く実感しました。人が原因でこの綺麗な海が汚染されて行くのがとても悲しいです。

　張さんは海が大好きで、だれよりもこの海岸に詳しい人です。たくさんの人にこの海に関心を持って大切にして欲しいと願っています。夏休みの間、張さんと一緒に海で泳いだり、ゴミ拾いをする中で、私たちはゴミ拾いイベントを計画することにしました。私と妹と友達はポスターを描いて海岸の掲示板に貼りました。イベント当日はたくさんの人が参加し、海岸付近のゴミを拾いました。海が綺麗になった時は、とてもすがすがしい気持になりました。

　本来なら、毎年夏休みには日本に一時帰国をして、日本にいるおじいさんやおばあさんに会いに行きます。去年はコロナの影響で日本に帰れなくて、とても残念でしたが、悪いことばかりではありません。日本に帰らなかった代わりに、たくさんの人に出会い、地元の海をより深く知ることができました。そして、私にとって海は大切な場所だと気づきました。

▼東京海上日動火災保険賞

『ぼくは日本代表』

香港日本人学校大埔校
（中華人民共和国）
小四　中村文聡（なかむらふみさと）
（海外滞在年数九年四カ月）

「ハロー……。」

これが、ぼくがキャンプで最初の日に発した言葉です。これ以上ありません。不安で心細くて何も言えませんでした。

ぼくは、昨年の夏にキャンプにさんかしました。最初、「夏休みにちょっとキャンプに行かない？」とお母さんにすすめられて、軽い気持ちで「うん。」と返事をしました。ところが、さんかしている人は日本人ぼく一人、あとは全員香港人だったのです。そして三週間、みんなでねとまりしながら、川で遊んだり、夜の山に入ったり、「街市」とよばれる市場に行って、とりを丸ごと買ってやいて食べたり、色々なことが体けんできるキャンプでした。家族とは一日に一回、電話で話しができるだけで、会ったり、家に帰ったりすることはできません。ぼくはキャンプ初日の夜、静かに泣きました。

ぼくは香港に住んで八年目になります。ですが、日本人学校に行っていて、主に日本語を使っているので、英語や広東語をあまり話すことができません。キャンプで一番苦労したことは、言葉が通じなかったことです。香港人は、広東語が母国語ですが、英語がとても上手です。ぼくが、広東語を話せないと分かると、スタッフの人もさんかしている子供たちも、すぐに英語で話してくれました。ぼくは知っている単語を思いだして、一生けん命会話しました。聞きたいことを聞けなかったこともありました。言いたいことを言えなかったこともありました。でも、これが今のぼくの実力で、勉強が足りないなと思いました。たくさんの言葉を使う香港人は、どりょくしたんだな、かっこいいなと感じました。それから、ぼくは、街中で見る香港の人は大きな声で話すから、おこってる人が多いのかな？と思っていました。でも、実さいにせっしてみると、とてもやさしく、助けてくれる人ばかりでした。三週間、長かったけれど、みんなのおかげでなんとかキャンプを終えることができました。最終日、またぼくは泣いたけれど、それは仲良くなった友達や、お世話をしてくれたスタッフの人たちと別れるのがさみしかったからです。最初に感じた不安な気持ちは、もうありませんでした。

家に帰って、お母さんにキャンプで感じたことを話すと、「おー、日本代表だねえ。」と言われました。「もしキャンプにさんかしていた子供たちが、日本人とせっしたことがなかったら、あなたのふるまいが日本人のイメージになるよ。」と言われ、ハッとしました。ぼくは、自分のキャンプでの行動をふりかえりました。いっしょにおにごっこしたり、ゲームをしたりしたから、やさしいと思われたかな。わがままを言わなかったかな。元気にあいさつしていたかな。使ったふとんや、ぬいだ服をたたんでいたかな。ありがとうとたくさん言ったかな。ぼくは、少し心配になりました。

ぼくは今まで自分が日本人のイメージになると、いしきしたことはありませんでした。ぼくが思っていた香港人のイメージがかわったように、香港人はぼくをみて、日本人のイメージがかわるかもしれません。そう思うと、しせいよく歩いたり、電車で席をゆずったり、小さいことからでも、できることがたくさんあります。海外に住む日本人として、自覚を持って生活したいです。これに気づかせてくれた、キャンプで出会った人たちにとてもかんしゃしています。次にもし会えるとしたらみんなの「日本代表」になれるように、かっこいい自分になっていたいです。

▼日販アイ・ピー・エス賞

『ルーカス先生たん生！』

ウェールズ補習授業校（イギリス）
小四　ルーカス　明日美（あずみ）
（海外滞在年数十年二カ月）

「Let's start Japanese！」

今週もこの言葉で日本語のクラスを始めます。きっかけは、げん地校の友だちに日本語を教えていたら、先生が話に入ってきて、

「クラスのみんなにも一日やってみる？」

と、聞いてくれたので、どきどきとうれしさが交ざった

気持ちでやってみました。その時、みんなが楽しんでくれたので毎週する事になり、一人では、むずかしそうだったので友だちをアシスタントにしてするようになりました。

まずは、あいさつ、家族こうせい、動物とその鳴き声、自分の名前、数字、色と食べ物などをじゅん番に教えています。みんなが楽しくじゅ業が出来るようにこっそりゲームを入れるように気をつけています。一番もり上がるゲームは『old Mc donald had a farm』です。このゲームをするとほんとにクラス全員でもり上がって、わたしのこまくがやぶれそうになります。

わたしは教えている時、どきどきもするけれど少し自しんもあります。なぜかというと、毎日日本語の勉強をしているし、毎週ほ習校に行っているからです。一人で勉強するのはつらいけれどクラスのみんながよろこんでくれるのがうれしいからがんばれます。じゅ業をしていると、わたしも思いつかないしつ問がきます。答えるのがむずかしいけれど勉強になります。

大へんな所は、じゅ業前にアシスタントの子に教える事です。友だちがなかなか覚えられないからです。しかし、わたしには、小さいリハーサルみたいになって、みんなにどう伝えたらいいのかを知る事が出来ます。

ある日、時間がなくてわたしのじゅ業が、出来ない時がありました。くやしがっている子を見て、わたしはびっくりしました。楽しみにしてくれていたんだと知って、うれしかったけれど、わたしもじゅ業が出来なくて、ちょっとくやしかったです。

わたしは、一年い上日本語のじゅ業をつづけています。一番うれしかったことは、たんにんの先生が、「わたしたちは、すごいラッキーです。ノースサマーセットで日本語のクラスがあるのはここだけです。みんなよく聞いて学んでください。」と、みんなに言ってくれた事です。その言葉でもっともっとがんばるぞーという気持ちになりました。クラスのみんなもしんけんに聞いてくれるのがすごくうれしいです。

また、日本語のクラスを始める前は、にがてだった子がわたしのじゅ業にきょう味を持ってくれてよく話すようになった事もうれしい事の一つです。

みんながわたしのじゅ業を楽しんでくれるから日本語のクラスがつづけられます。わたしもすごいラッキーと思っています。このすっごいうれしくて幸せな気持ちを「ありがとう。」という感しゃの言葉でいつかクラスのみんなに伝えたいと思います。今は、いつまでも日本語のクラスをつづけられるといいなーと思っています。もっと日本語の歌や、楽しいゲームを入れたりして（今度こそわたしのこまくがやぶれると思うけれど）じゅ業をもり上げていきたいと思います。

▼日本児童教育振興財団賞

『百人一首で広がる僕の世界』

ダービーシャー補習授業校（イギリス）
小四 セン 耀（あきら）
（海外滞在年数十年二カ月）

僕が百人一首に出会ったのは三年生のときです。僕の通う補習校では、毎年一月にかるた大会があります。最初は担任のオッター先生がことわざかるたを持ってきてくれました。

クラスの友達と三人でしてみたら、すごく楽しかったし、ことわざも覚えました。

次に、先生が百人一首を持ってきてくれました。最初見たとき、ことわざかるたとずいぶん違っていて難しそうだと思いました。百人一首には上の句と下の句があって取り札には下の句しか書いていませんでした。かるたを上手になるには歌全体を暗記しないといけません。大変だなと思ったけれど、大会に勝ちたかったから百人一首を覚えることにしました。

最初は意味が分からなくて大変でした。でも、家にある百人一首の本を見て、意味を調べて、声に出して読んだり、なぞり書きをしたりしました。意味が分かると、覚えやすくて、もっとおもしろくなりました。

百人一首について調べたり、お母さんに教えてもらっているうちに、いろいろなことが分かってきました。例えば昔の人は、全然会ったことがないのに、きれいな人だという評判を聞いて、好きになって結婚を申しこんだそうです。申しこみの手紙は和歌で書かれていて、上手な和歌だと好きになってもらえたそうです。それを知って、僕は変わっているなと思いました。僕だったら仲の良い友達と結婚します。

それから、今では使われていない昔の言葉や、今とは違う意味で使われていた言葉があることも分かりました。例えば、「……かな」は「だなあ」という意味で、「……もがな」は「だったらいいなあ」という意味です。初めは「……かな」の意味が分からなくて、「……かこち顔なる我が涙かな？」と、疑問文のように読んでいたら、お母さんが意味を教えてくれました。「うつくし」は「美しい」ではなくて、「かわいくて大好きでたまらない」、そして、「……を……み」は、「……が……なので」という意味です。だから、「瀬をはやみ」は「瀬がはやいので」という意味です。お母さんが高校生のとき、古文の授業で、「君をうつくしみ」という表現がでてきたそうです。これは、「あなたが愛しいので」という意味です。とてもきれいな表現だと思いました。それから、百人一首の和歌で詠まれている桜について分かったこともあります。春休みに日本のおばあちゃんのお家に行くとよく見られるのはソメイヨシノという種類の桜です。ピンクの花がとてもきれいです。でも、百人一首で歌われている桜は山桜や奈良の八重桜です。ソメイヨシノと違って、山桜や奈良の八重桜は、葉っぱと花が一緒に出てきます。イギリスの桜も花と葉っぱを一緒につけていることが多いです。お母さんは言います。「ほら見てあきちゃん、山桜よ。きれいねえ。昔の人が見ていた桜もこんな感じだったのかしらねえ。」

また、歌を声に出して読んでいるうちに、五・七・五・七・七の短歌のリズムの調子が良く、体にしみこんでいく感じがしたことや、昔の言葉のやわらかなひびきに気がつきました。百人一首に出てくる僕の好きな言葉は、「いにしへ」や恋人を意味する「君」や「若菜」です。昔の言葉はやさしい感じがして好きです。百人一首の歌を声に出して読むと、言葉が流れるようなひびきで、それがとてもきれいだと思います。

僕が使っている百人一首の本では、楷書や行書や草書で歌が書かれています。きれいなお手本をなぞっているうちに、行書や草書に興味をもって、字をもっときれいに書きたくなりました。字をていねいに書いていたら、自然と漢字をよく覚えるようになって、漢字テストや漢字コンクールで百点を取りました。

他にも、「難」や「嘆」、「涙」、「恋」、「散」など、まだ習っていない漢字を覚えたり、「みちのく」など、今とは違う地方の呼び名を知ったりすることができました。

このように、最初はかるた大会に勝つために覚えていた百人一首でしたが、それがあったからいろいろなたくさんのことに興味をもつようになって、僕の世界が広がりました。

これからも、百人一首を楽しみながら、もっと世界を広げていきたいです。今やってみたいのは、好きなお習字をもっとがんばって上手になって、日本のおじいちゃんとおばちゃんに筆でお手紙を書くことです。

▼クラーク記念国際高等学校賞

『天使が現れた夜』

韓国・ブンダン日本語補習授業校（大韓民国）
小六　大皿智優（おおさらじう）
（海外滞在年数十年六カ月）

「天使が現れた！」

父は家に帰って母の顔を見るなり、開口一番そう言った。

「手袋をもらったんだ！」

僕も興奮して大きな声で言った。

去年十月のある日曜日の午後、僕と父は国土縦走ノートと自転車を持って地下鉄に乗った。国土縦走ノートとは、韓国全土にあるスポットでスタンプを集める、自転車スタンプラリー用ノートのことだ。僕と父はこのノートにスタンプを集めながら、サイクリングを楽しんでいる。その日、僕らは終点のヨジュ駅で降りて、そこからカンチョン洑（ポ）を通り、ビネ島（ソム）を往復する計画を立てていた。僕はワクワクしながら地下鉄に乗った。日曜午後の楽しい自転車の旅の始まりだ。

地下鉄を一度乗り換え、約一時間でヨジュ駅に到着した。そこで僕は手袋を忘れて来てしまったことに気が付いた。自転車屋が近くにあったので入ってみたが、値段が高いので買わないことにした。だがその判断こそが、大きな間違いだった。

はじめはスムーズに、楽しくサイクリングがスタートした。晴れ晴れと澄み渡る空と、きらきら輝く南漢江（ナムハンガン）が僕を心地良くしてくれた。約七キロほど走り、最初の目的地のカンチョン洑（ボ）に到着してスタンプを押した。

「やった！」

国土縦走に一歩近づいたと思うと、嬉（うれ）しくなった。

洑を渡ると、でこぼこ道や砂をかぶった道などがあり、自転車を押して歩かなければならないこともあった。しかし、その後は、スライスチーズのようになめらかな、終わりの見えない道をひたすら走り続けた。

途中で自転車道路は川沿いから外れ、いつの間にか車道との区別ができなくなった。しかも上り坂になっていた。坂が少しずつ僕の体力を奪っていく。疲れて汗まみれの僕の前に見えてきたのは、更なる上り坂だった。一瞬、坂が壁のように見えてきた。僕が休もうとすると、父は言った。

「この坂を登ってから休もう。」

父が応援してくれたおかげで最後まで登り切れた。自転車から降りて水を飲むと、ぐんぐん力が湧いて来て、宇宙に飛んでいけそうなくらい元気になった。

下り坂で飛ばし、鼻歌を歌いながらしばらく走っていると、絶景が目の前に現れた。夕日の色で染められた南漢江と崖にそびえ立つ木々は、一枚の絵を見ているかのようで涙が出そうなくらい感激した。

太陽が沈んで辺りは暗くなり、気温も下がって来た。氷点下には届かないが、風が吹くと手足が凍りそうだった。つま先と指がヒリヒリしてもうだめだと思った時、やっと二つ目の目的地、ビネ島（ソム）に到着した。売店があったので一休みしようと思ったが、閉まっていた。田舎なので、周りにコンビニなども見当たらなかった。仕方なく僕はトイレのハンドドライヤーで手を温めた。いくら温めても、すぐに冷たくなる。そのままずっと温め続けていたかったけれど、戻らなければならない。とりあえずスタンプを押して、また自転車に乗った。僕は疲れ果てていて、嬉しい気持ちより、早く帰りたいという気持ちが大きくなっていた。

苦しくて、寒くて、死んでしまいそうな気持ちで走っていると、前方に温もりを感じるものが目に入った。道沿いにある家で、たき火をしていたのだ。地獄から天国に舞い上がったような気持ちになった。

僕と父はたき火に当たらせてもらった。火は、氷のような僕の手を溶かしてくれた。熱々のユルム茶まで出してくれて、信じられないほど美味しく感じた。父はその家の人と話をしていたけれど、僕はパチパチ燃える火だけを見つめていた。場所によって色が違ったり、波のように揺らぐ炎を飽きずに見ていると、時間が経つのも忘れていた。

　十五分ほど経って出発する用意をしていたら、手袋とカイロを渡された。手袋はくれるという。こんな優しい人がいるなんて。僕は心の底から感動した。天使だと思った。

　手袋とカイロを装着して、寒い夜の道を再び走り始めた。自転車道路には電灯がなく、自分で持って来たライトの光を頼りに走って来た道を戻った。坂を越え、橋を渡り、また揠に戻ってくると、イルミネーションが灯っていた。色とりどりに輝く揠は美しく、ロマンチックで、カッコよかった。

　三週間後、僕と父は車でビネ島に向かった。お礼の手紙と手土産、それからあの手袋を持って。

　寒くて凍えそうな夜、僕と父の前に天使が現れた。あの時の感動は、今も僕の心に鮮やかに残っている。僕もいつか、あの夜の天使のように、誰かを助けてあげたいと思う。

「作文」の部 特選作品

『わたしのゆめ』

デュッセルドルフ日本人学校（ドイツ）小二　小田島（おだしま）　留理（るり）
（海外滞在年数八年三カ月）

わたしが六さいのとき、ようちえんでかなしいことがありました。ようちえんのおにわに行くかいだんをお友だちといっしょにおりていたら、ぎょうれつを作っていたアリさんをふんづけてしまいました。わたしとお友だちは、くつのうらがわを見せっこして、

「アリさんふんじゃったね。」

と話していました。

するとそこに先生がやってきて、ドイツごで、

「どうしてそんなひどいことをするの！　アリも生きているんだから、ふんづけちゃだめでしょ！」

と言われました。

わたしは、アリをふんづけたくてふんだわけではないのに、すごくこわいこえで先生におこられて、なきそうになったけれど、がまんしました。

「たまたまだったんです。」

と言えたらよかったけれど、それが言えなくてすごくかなしかったです。

でも、先生の言っていることもよくわかったから、これからはちゃんと下を見るようにして、アリさんをふまなくなりました。

かなしいことだったけれど、そのことをママにも話したら、

「わざとふんだわけではないんだよね？　でも、それが言えなくてかなしかったね。わたしは、るりちゃんがやさしい子だってしっているから、だいじょうぶだよ。」

と言ってくれて、なきそうだった気もちがなくなりまし

た。

わたしのしょうらいのゆめは、ようちえんの先生になることです。おこることもあるかもしれないけれど、やさしい先生になりたいです。

「きっとこれからは、日本にもいろいろな国からたくさんの子どもたちがくるでしょう。」と学校の先生が言っていました。その子たちは日本ごが上手に話せないかもしれないから、よく話を聞いてあげたいです。こまっていることやなやんでいること、うれしいことやその子の国のことも、たくさん聞いてあげたいです。

わたしはドイツで生まれて、ドイツでそだちました。日本には、ごうけい二か月くらいしかいたことがありません。はやく日本にすみたいけれど、ドイツにもずっといたいから、わたしのこころははん分はん分です。

ママやパパから日本の話を聞くことがあります。ママから、

「ドイツには、いろいろなことばを話す人がたくさんいるでしょ。るりちゃんにも、かみの毛や目の色、はだの色がちがうお友だちがいるでしょ。でも、ママやパパが小さかったときは、そうじゃなかったんだよ。だから、るりちゃんはいろんな国の人とお友だちになれるばしょにいるんだね。」

と言われて、びっくりしました。せかい中どこでも、ドイツみたいにいろいろなことばを話す人がいると思っていたからです。

「わたしは、とくべつなばしょにいるんだ！　ことばがつうじない子とあそぶのはふつうだと思っていたけれど、それは、すごいことなんだ。」

ようちえんでは、たのしいことがいっぱいあったけれど、あのときのかなしかったことを、今でもときどき思い出してしまいます。でも、いつかわたしがようちえんの先生になれたら、このことを思い出して、子どもたちのお話を聞いてあげられる先生になりたいです。もしことばがつうじなくても、その子がかなしんでいるのか、こまっているのか、よろこんでいるのかは、ひょうじょうを見れば何となくわかるから、その子のかおをよく見てお話をしてあげたいです。

『香港生まれのモンシロチョウ』

香港日本人学校大埔校（中華人民共和国）小三　下田芽依（しもだめい）
（海外滞在年数八年六カ月）

今年の一学期、わたしたちは学校でモンシロチョウをたまごから育てることになりました。香港日本人小学校でモンシロチョウを育てるのははじめてだと聞いて、わたしたちはびっくりしました。

まず、わたしたちのたんにんの先生は、学校のガーデンでキャベツと同じしゅるいのチョイサムという、中かりょう理でよく使われる野さいを育ててくれました。そしたら先生の思った通り、チョイサムの葉にモンシロチョウがたまごを生みに来ました。たまごからよう虫がふ化した後、先生は、チョイサムの葉っぱを少し取って、プラスチックのケージに入れてくれました。

わたしたちは二人ずつに分かれて青虫を育て始めました。わたしはりんこちゃんとペアになりました。人間は赤ちゃんを生んだら名前をつけるので、わたしたちも青虫に名前をつけることにしました。青虫の「あ」とめいの「い」と、りんこちゃんの「り」を組み合わせて、「あいり」にしました。

名前はつけたけれど、本当に自分たちで育てられるか心ぱいでした。私は今まで虫をさわったことも、取ったことも、育てたことも一度もなかったからです。

あいりは毎日、ぱくぱくもぐもぐ、チョイサムの葉を食べていました。わたしたちは毎朝学校に着くと、あなの開いた葉を新しい葉にかえました。

中休みにはあいりの様子を見に行きました。あいりはさいしょ、三ミリメートルぐらいだったのに、どんどん大きくなって、何日かすると五センチメートルぐらいになりました。それを見ていたわたしは、あいりのことがとてもかわいく思えてきて、学校に行くのが楽しみになりました。色も黄色からこい黄緑色にかわっていきました。

あいりは毎日、うんちをポッンポッンとしたり、おしっこをチョロチョロしていました。葉の上でニョロニョロおさん歩していました。だっぴをしているところも一回見れました。

ある日学校に行くと、あいりはさなぎになっていました。もう青虫の形ではなく、葉のような形になっていました。もうすぐチョウになってさよならをしなくてはいけないと思うと、さみしくなりました。

それから一週間後、午後あいりを見に行ったら、ケージの上の場所にあいりがいて、もうチョウになっていて、羽を少しパタパタさせて、とぶじゅんびをしていました。

いよいよあいりとおわかれの時です。ほとんどの子のモンシロチョウもチョウになってとぶじゅんびをしていたので、みんなで

「せーーの！」

と言って、いっしょにふたを開けて、モンシロチョウをとばしました。あいりはとび始めて、ガーデンの花に一度止まった後、また元気よくとんでどこかへ行ってしまいました。

わたしたちは、大きな声で

「じゃあね。」

と言いました。あいりはとてもきれいでした。モンシロチョウはチョウになってから二週間しか生きられないけど、二週間の間だけでも香港の自ぜんの中で、楽しくすごしてほしいなと思いました。

その日の帰り、スクールバスの中で外を見ていると、きれいなモンシロチョウが見えました。もしかしたら、あいりがもう一回あいさつをしに来てくれたのかもしれません。

『おり紙からORIGAMIへ』

クリーブランド補習授業校（オハイオ州）小三　川添（かわぞえ）　拓（たく）
（海外滞在年数一年十一カ月）

ある日、父ちゃんが、

「拓、アメリカにひっこしだ。」

と、こうふんした声で、ぼくに言いました。

その時は、「ふうん。日本をはなれるんだ。アメリカってどんなところかな。」と、思ったくらいでした。

四月からの一学期間は、日本の小学校に通いました。八月にひっこしをして九月から、アメリカオハイオ州での生活がはじまりました。でも、アメリカでの生活は、つらくて、かなしくて、ちっとも楽しくはありませんでした。なぜかというと、英語が、わからなかったからです。だから、友だちもできず、毎日ぼくは、ひとりぼっちでした。クラスの子にいじわるをされたり、からかわれたりしました。ぼくは毎朝、

「学校に行きたくない。休みたい。日本に帰りたい。」

とないていました。あんなにすきだった学校が、ぼくにとって、ちっとも楽しい場所では、なくなりました。

そんな時、ぼくのたん生日が近づいてきました。日本では、たん生日には、プレゼントをもらっておいわいしてもらいますが、アメリカでは、たん生日をむかえた人がかんしゃの気もちをこめて、友だちに、プレゼントをわたさなければならないというのです。どんなものをプレゼントしようかとなやみました。

そこで、思いついたのが、日本にいたときとくいだったおり紙をともだちにプレゼントするということです。いろいろ考えて、お母さんとそうだんして「花ごま」を作ることにしました。「花ごま」を一つ作るにはおり紙が三まいひつようです。色の組み合わせを考えながら、毎日毎日がんばっており、やっとクラスの友だちの数の二十こが、かんせいしました。

一月、いよいよ、たん生日がやってきました。学校についてから、みんなに「花ごま」をプレゼントしました。はじめ、みんなは、ふしぎそうな顔をして「花ごま」を見ていました。そこで、遊び方をみんなに教えてあげました。それから、こま回し大会が始まりました。みんな、とっても楽しそうでした。その日から、友だちはぼくのことを、「オリガミティーチャー」とよぶようになりました。休み時間になると、

「タク、ギブミー、ＯＲＩＧＡＭＩ」

とたのまれることもあり、いっしょにおり紙をおったり遊んだりするようになりました。そして友だちがふえてきて、学校に行くことが、どんどんたのしくなってきました。

学校だけではなく、父ちゃんの、会社のパーティーやレストランに行った時も、おり紙をおってプレゼントすると、とてもよろこんでくれました。

日本の文化である「おり紙」を、「ＯＲＩＧＡＭＩ」として、アメリカに少しだけ広めることが、できたような気がします。

このけいけんから、ぼくは、何ごともいっしょうけんめいにとり組むと言葉がわからなくても心が通じあえると思いました。

今では、アメリカが大すきです。これからもたくさんの友だちを作り、日本の文化をもっと知ってもらえるようにしたいです。英語も上手に話せるようになりたいです。

『トルネードの夜に』

個人応募（アメリカ在住）小五　小﨑紘葉（こさきいとは）
（海外滞在年数一年八カ月）

六月頭の暑い日、私は学校から帰って父の書さいで勉強をしていた。すると突然父のけい帯電話からアラートが鳴った。「ビー、ビー、ビー……。」くり返される大きな音。だが父は気にする様子がない。私も大雨けい報だと思い、そのまま勉強を続けていた。すると、心配性の兄が部屋に入ってきて、

「トルネードが来ているよ！ニュースを見てよ！」

と大きな声で言った。

アパートの窓から外を見た。いつもならこの時間は東側のリビングの窓から、真っ赤で少しピンクがかった夕日が見られる。けれど今日の空は灰色だ。

兄はパソコンでニュース番組を探してくれた。その画面には、いつも家族で出かけるシカゴ郊外の地図が映し出され、気象予報士の女性が早口で話し続けていた。

「大雨が降り、雷が鳴っています。四分の一インチのひょうが降っています。早く地下に逃げて下さい。この後トルネードはシカゴ郊外から市内へ進みます。」

それでも私は、本当に逃げるべきか判断できなかった。そこで、近くに住む友人のセバにチャットで聞くことにした。すぐにチャットがつながった。私が彼女に

“Hi”（やあ。）

と打つと、すぐに彼女から

“Let me guess……Tornado?”（当ててみようか……竜巻のこと？）

と返事が届いた。私は質問をぶつけた。

“What do you guys do when there is a tornado?”（竜巻が来る時、みんなはどうしているの？）

すると彼女はこう答えた。

“Hopefully, let's make that［when］an［If］.”（できれば「来る時」を「もし来たら」にしたいよね。）

それを読んで、私も「If」のほうが良いな、「もし」だったら来ないかも知れないなと思った。彼女のおかげできん張していた気持ちが少し軽くなった。こんな大変な時に、相手の不安を和らげるような言葉をかけられる彼女はすごい。

さらに彼女は、今現在トルネードが過ぎ去るのを地下室で待っていると教えてくれた。私は彼女にお礼を伝え、両親に、私達も逃げようと提案した。兄も同じことを考

えていたようで、すぐに荷物をまとめてくれた。そして、家族で五階の部屋から地下の駐車場へエレベーターで向かった。

地下には、すでに同じアパートに住む人達がたくさん集まっていた。私達は、とにかく天気予報とにらめっこしながら、トルネードが過ぎるのを待った。けれど、初めてのことなので、いつ部屋に戻ればいいかわからなかった。すると、他の住人たちが色々と教えてくれた。トルネードけい報の時間が過ぎたら一階に上がり、窓から外を見て、空の色が明るくなっていたら部屋に戻って良いこと。まだ停電の可能性があるのでエレベーターを決して使わないこと。

私は、ハッとした。そうだ、日本の地震のときと同じだ。私たちはエレベーターを使ってしまった。もしあの時、エレベーターが停止していたらと考えると、とても恐怖を感じた。

三十分後、他の住人と一緒に一階へ上がり、外を確認すると、もういつも通りの空の色に戻っていた。みんなと一緒に階段を上り、部屋に戻ると何だかホッとした。

寝る前、父と母から、

「逃げるように言ってくれてありがとう。」

と言われた。自分が家族を助けたんだなと、少しほこらしく思った。

翌日、ニュースで近所の大きなビルのかべがトルネードによってはがれたことを知った。もし、自分の家のかべがはがれていたら、停電していたら、など色んなことを想像した。そして私にもこれから何かできることはないかと考え、トルネードについて調べてみた。すると、地球温暖化で今までトルネードがあまり来なかったシカゴにも発生するようになったこと、そして、日本でも竜巻によって家が壊されたり、亡くなったりする方がいることを知った。日本の竜巻は大きくなくても人の命をうばう。どうすれば日本での被害をなくせるのだろうかと考えたところ、アメリカの家では、ほとんど地下室を持っていることに気づいた。日本でも家を建てるとき、地下室を作ることが当たり前になれば良いな、それが無理なら、地下室のあるひ難所がたくさんの地域にできれば良いなと思った。

私は日本に戻る時に、「もし」竜巻が来たら、どう行動すれば良いかを伝えられる、そして、周りの人達の不安な気持ちを和らげられる人になっていたい。あの日、私の友人やりん人が、私達家族にしてくれたように。

『多謝晒、香港』

香港日本人学校大埔校（中華人民共和国）小六　中村　朔（なかむら　はじめ）
（海外滞在年数十二年三カ月）

「いやだ、私は行かないからね。」
父の仕事の任期が終わって、日本に帰るかもしれないと聞いた時、雷に打たれたような衝撃を受けました。私は赤ちゃんの時にベトナムに行き、四歳の時に香港に引っこしました。日本で産まれましたが、生活したことはなく、日本は夏休みに遊びに行く国でした。母は日本に「帰る」と言いましたが、私の帰る場所はここであり、日本は行くところです。新しい場所に行く怖さと、お友達と離れる寂しさが一緒に込みあげてきて、私は声を荒げて、
「行かない！」
と言いました。

私は帰国すると聞いてから、いつも見ている景色が変わりました。ここに来るのは最後かもしれない、これを食べるのは最後かもしれないと思うようになったからです。最後を意識すると、何でもないものがいつも以上にかがやいて見えました。そして、ここにいるのが当たり前でないと実感した時、香港についてもっと知ろうと思いました。グルメや観光地など、楽しむことだけではなくて、歴史や今の状況を勉強することにしました。

まず、香港のはじまりから戦争のこと、イギリス領だった時のこと、返かんされたのはいつかなど、なんとなくでしか知らなかったことを中心に調べました。香港に住んで八年も経つのに、全く知らなかったことが沢山ありました。

そして、三年前に活発に行われていたデモについて調べました。私は当時、香港にいました。こわされた改札や券売機、ほりおこされた道、消えた信号機、たくさんの落書きを見ました。デモ隊によって通学路がふさがれたため学校が休みになりました。危ないから外出しないでと言われ、何か大変なことが起こっているなと思ったのを覚えています。それから間もなく香港人の友達や顔見知りの人、とても多くの人が次々と香港を離れました。私はその時どうして移住するのだろうと思っていましたが、なぜデモをしていたか調べると、とても重要な法律が変わったのだと分かり、だから香港を離れる決意をしたのだと理解しました。三年間で十四万人もの人が香港を去っています。

私は、ボランティアで日本語を教えたことがあるので

すが、その生徒の方には、
「あなたは帰る所があっていいね。」
と言われました。香港には離れたくても離れられない人が沢山います。移住するためには仕事、学校、家族、お金など、多くの問題があって、簡単には決められないのに、私には「帰る」場所があります。香港の良い所だけ抜き取って生活しているような気がして、恥ずかしくなりました。この言葉は、「お友達がいるから香港にいたかっただけなのかな」「香港はとても便利で困ったことがないから、ここがよかったのかな」と、なぜ香港を離れたくないと思ったのか、母になぜ「行かない。」と言ったのかを、じっくり考えるきっかけになりました。

　電車で、おじさんににらまれた！　と思ったら、席を譲ろうとしてくれていたこと。広東語で大きな声で怒鳴られて、怒っているのかと思ったら、「寒いからあたたかくしなさい。」と言ってくれていたこと。冷たい飲み物を頼んだら、身体が冷えるから温かい飲み物を出してくれたこと。私は、少し強引でも、いつでも、誰にでも、どこまでも心優しい香港の人が大好きです。だから、香港を離れたくないのだと気づきました。

　私は、知らない間に香港の人に助けられていて、優しさをもらっているのに、まだ一つもお礼ができていません。どういう方面で、どんなことができるのかを考えるのが今後の課題です。私はいくつも「帰る」ところがあって幸せです。今度香港に帰ってくるときは、少しでもお返しができるように、成長していたいです。

　ありがとう、多謝晒、香港。

『ランドセルの約束』

ニュージャージー補習授業校（ニュージャージー州）中一　下村咲良（しもむらさら）
（海外滞在年数十三年二カ月）

「補習校に通いたい。」

　五歳になった自分があまり深く考えず、何気なく口から出した言葉だ。いつもの様にただ姉の足跡を辿っているだけだった。

　初等部入学を迎え、日本の祖父母が私のためにランドセルを買ってくれることになった。ランドセルを背負うのはどの生徒でも当たり前の事だと思い、すぐに喜んでうなずいた。だが母の真剣な顔を見て、その深い意味を知ることとなった。

「もしランドセルを買ったら、初等部を卒業するまで補習校を続けるのよ。約束ね。」

と母が言った。約束と言う言葉の重さを感じて、もし約束を守れなかったらどうなるだろうと思いながら、母と指切りをしてしまった。幼かった自分は、考えが足りなかったと後で後悔する事になるとは知る由もなかった。

そして待ちに待ったランドセルが届いた時は心が躍った。キラキラ光っているピンク色のランドセル。私はいつまでも見つめていた。それからランドセルと共に教室のドアを開け、私は長い道のりへの第一歩をふみ出したのだ。

入学式の時は緊張感でいっぱいだったが、自分の教室に入る直前に先生の温かい声、それに幼児部からの友達の姿に励まされた。一人からいつしか仲良し四人組になって、学校の楽しさが分かるようになった。交換日記を土曜日に渡し合い、毎回順番がバラバラになりつつも、なんとか続くようになる。私を支えてくれた友達のお陰で、毎週元気に登校することができた。先生からの課題もスラスラと終え、余った時間は周りの子の手伝いもできるぐらいの余裕があった。
一、二年生まで問題がなかった授業が、三年生になるとだんだん追い付けなくなっていった。算数の授業での出来事だった。声がかれるほどさんざん九九の練習を家でやってきた。先生が授業中
「九九の段を、クラス全員の前で言える人はいますか。」

と聞いたので、私はドキドキしながらも手を挙げた。結果は途中でつまずき、家では簡単に言えた九九をクラスでは失敗してしまった。私が言い終える前に、先生があっという間に「次」と進めてしまう。心臓がバクバク鳴りながらも手を挙げていたのに、失敗した事で自信は一瞬のように消えて行った。

そのような失敗を重ねているうちに、自分から手を挙げる回数が減り、先生から当てられるのを怖がる様になってしまった。今考えると、周りの生徒も私と同じ事を考えていたのかもしれない。その時気が付いていたら、自分は安心して、もっと積極的になれただろう。こんな気持ちで三年目の月日が流れた。

日本語の授業は辛かったが、夏休みが来る度に日本語を学んだことに対しての感謝が深まる。毎年夏は東京の祖父母の家で過ごした。毎晩お風呂上がりに、祖母とお笑い番組を楽しみに見て、二人でゲラゲラ笑った。祖母が笑っている時は目の皺がくっきりと見え、温もりを感じる。そんな祖母の姿が大好きだった。祖父と商店街を

歩く時は、姉が車椅子を押し、私は二人の横を歩く。来年は私が車椅子を押す番だと思った。祖父は普段真面目な表情をしていたが、時々微笑んだ時の目の優しさを感じると私も幸せな気持ちになった。日本の家族と過ごした何気ない時間は忘れられない思い出だ。その時は意識していなかったが、今思うと補習校で学んでいなかったら、日本の家族とこれほど幸せな時間は過ごせていなかっただろう。会話だけではなく、日本の文化を分かっているからこそ深いつながりができる。アメリカに帰る直前はいつも祖父母に

「咲良ちゃん、ランドセルの約束守ってね。」と期待をこめて言われていた。あまりにもこのセリフを繰り返されることに慣れ過ぎた私は、いつも通りうなずきながらも、本当に守れるかは分からないと内心軽く考えていた。だがこの時はその後二度と、祖父に会えなくなるなど、全く想像もしていなかった。

　当たり前のように通っていた補習校が、コロナの影響でパソコンの画像でしか見えない授業になってしまった。先生がいつも通り一生懸命教えて下さる姿が画面の中からでも明らかに見えた。ただ、クラスはぎこちなく、皆はひっそりと画面の中で隠れていた。皆の個性が感じられず、私は切なくなり、授業が終わった時は正直ほっとした。気がつくと、授業の内容も分からなくなり、皆のペースに追いつけない自分を責めた。次第に土曜日が来てほしくないと思う気持ちが強くなった。補習校に参加しているのに人間味が一切感じられない日々。私は補習校をやめたくなり、何度も悩みつつ、学校を続けている自分自身のための理由は少しも探せなくなっていった。それでも何とか五年生を最後までやり遂げることができた。

　小学校の最終学年がとうとう私の目の前にやって来た。六年前の入学式はランドセルが体ぐらい大きく、自分を包んでいたかのようだったが、この年はランドセルがまるで縮んだかの様に思えて、軽く感じるようになった。ピンクのピカピカだったランドセルは、六年たってずい分年季が入った。

　六年生になり、同じ事を繰り返している毎日に希望が見えず、補習校の宿題も半分諦めかけた時期があった。六月のある夜、幼児部から出会った親友に、補習校を辞めたい事を話した。すると彼女の瞳から突然涙がポツポツと流れ落ちた。その瞬間補習校を続けた理由がつかめたのである。彼女がそこまで私を大切に思っていてくれた事が有難かった。補習校は幼少からの故郷の様な場所であり、私の一部。この親友のお陰で、どうにか六年目

を終えることができたのだった。

卒業式の日、あの日は地面が白く雪で積もっていた。いろいろな出来事を乗り越え、ようやくあの約束を胸を張って果たす日でもあった。

「ランドセルの約束本当に守ったよ。やり通したよ。」

卒業ところがこの言葉をいちばん伝えたかった祖父は、卒業式のわずか二カ月前にこの世を去っていた。卒業式のステージで私は心の中で、何度もこの言葉を祖父に向かってつぶやいた。すると祖父がまるで隣にいるような感じがして、まちがいなく私を見守ってくれているのだと思えたのだ。頑張った自分を誇りに思いながら、きっと祖父も私の事を誇りに思ってくれている、そう感じることもできた。

私にとっての「ランドセルの約束」は六年間補習校に通い、繰り返しの漢字練習や音読を学ぶだけではなかった。諦めない事、そして大切な友達の存在も教えてくれた。初めは仕方なく母を満足させるために張り切っただけだった。だが、この約束は自分が成長するために必要だったと今では思える。中等部に進級することを、今度は自分の意志で決めた。

補習校生活を通して、何度失敗しても、何度でも立ち上がれる人間に一歩近づいた。祖父はきっと日本語以上に、どんな事に対しても諦めない力を習得して欲しかったのだろう。祖父も努力家で、何事でも最後までやり遂げる強さがあった。その尊敬できる姿を見ていたからこそ、

「ランドセルの約束を守れた」

と報告したかった。

ランドセルの中には数えきれないぐらい、悔しい、切ない、嬉しい思い出がつまっている。これは何物にも代えられない、一生の宝物となったのである。

「作文」の部　優秀作品

『車のじこ』

シアトル補習授業校（ワシントン州）小一　カールソン　ジョエル
（海外滞在年数七年）

ブーッ！

「わぁーっ！」

いま、まさに、車がぶつかった。そして、白いもくもくとしたものを車の中で見た。

エアバッグだ。そのとき、こわくて、かなしくて、びっくりした気もちだった。ぼくはないた。すごーくないた。

きょねんの十月、かぞくとパンプキンパッチにいった。そのあと、おみせにいって、ぼくのすきないちごをかってかえろうとしていたときだ。おかあさんがドライバーで、ぼくはおとうさんととなりどうしで、うしろのせきにすわっていた。そして、ちゅう車じょうからどうろに出たときだった。なにかがぶつかってきたのだ。ぼくはそのときびっくりしたので、なにがぶつかったか見ることにした。だが、エアバッグがじゃまで、そとは見えなかった。つぎに、おかあさんがドアをあけて、おとうさんのドアをあけようとしたが、なぜかあかなかった。あとでしったが、おとうさんのほうのタイヤはすっとんでいってしまったからあかなかった。おかあさんはそんなこと気にせず、ぼくのほうのドアをあけようとした。そしたらあいたから、そこからおとうさんも出た。そして見てみると、大へんなことになっていた。白い車がみどりのうえ木にぶつかっていた。

「こっちにきて。」

と、おとうさんがいったからそっちにいくと、ぼくたちの車のよことうしろがつぶれていた。そして車の下を見ると、なんと、タンクのようなものがおちているのを見てしまった。びっくりした。

そして、まわりの人たちがけいさつをよんでくれた。けいさつとおとうさんはくらくなってきた空を見たりしてまっていた。どきどきして、こわかった。

でも、おもしろいこともあった。なんと、しょうぼう車がきて、中から人が出てきてどうろをそうじしたのだ。どうろの上には、車のはへんとおとうさんのほうのタイヤがあった。はじめてしょうぼうしがじっさいにはたらくのを見て、

「こんなこともしょうぼうしがするんだね。」

とおかあさんといいあった。

きゅうきゅう車もきたが、ぼくたちはけがをしなかったからすぐかえった。じこを見ていた人たちが、

「あいての車がわるい。」

とか、

「おうちにおくっていってあげる。」

などと、いってくれた。うれしかった。しらない人にぼくはこんなことできない、とおもった。

くらくなってから、ぼくたちの車はトラックでどこかにもっていかれた。どうろにいちごがおちているのが見えた。たべられなくてがっかりした。そのご、けいさつかんが、

「かえっていいよ。」

と、いったので、やっとおうちにかえれる、とうれしかった。

エレンさんという人が、

「おうちまでおくっていってあげるよ。」

と、いってくれた。おとうさんとおかあさんは、そのことをありがたいとおもったらしい。エレンさんの車の中でみんなでいろいろはなしてたのしかった。

ぼくたちの車がこわれてこりごりだったが、おうちにかえれる、ということばをきいてうれしかった。そして、しらない人たちにたすけられてありがたいとかんじた。ぼくもこんなふうに、だれかをたすけられる人になれるといいな。

『よりみちサイクリング』

個人応募（ドイツ在住）小一　澤田希美（さわだのぞみ）
（海外滞在年数四年）

わたしは、ドイツのデュッセルドルフにおとうさん、おかあさん、おとうとの四人でくらしています。いえからじてんしゃで十五ふんくらいのところにはライン川という大きな川があって、おやすみの日には、かぞくでライン川のほうにサイクリングにいきます。

ライン川には、ジェットスキーや、おもそうなにもつをつんだ「かもつせん」、人がたくさんのっている「ゆうらんせん」、ヨットがうかんでいます。みちは人があるくみちと、じてんしゃがとおるみちの二つあって、わたしとおとうとは、じてんしゃのみちへ、おかあさんはジョギングをしているので、人があるくみちをはしります。

みちには、ゆきのようにまっ白なわたたけがいっぱいおちていて、かぜでふわふわとんでいます。いえにかえってしらべたら、ポプラの木のわたげだとわかりました。

しばらくいったら川のほうにむかって土手をおりていきます。はらっぱがとちゅうから、石と貝がまざったすなにかわって、足でふむとジャリジャリと音がします。

白い貝がらがきれいなので、あつめてポケットに入れてもってかえります。たまにガラスがまざっているから気をつけなければだめです。川の中では、ちゃいろのゴールデンレトリバーがうれしそうにおよいでいて、川の水をのんでいました。犬がきたのでカモがおどろいてにげていきました。

かえりみちは、じてんしゃみちにむかう土手をのぼるのが大へんです。なぜかというと、大きい石がじめんにうまっていて、じてんしゃをおすときにタイヤがぶつかってしまうからです。

いえのちかくにもどってくるとサッカークラブのまえをとおります。おやすみの日でも、れんしゅうをしているかっこいいおにいさんたちがいます。

おとうととじてんしゃで、はしるとき、おとうとがはやくはしるので、つかれます。でもわたしは、からだをうごかすことがすきなので、サイクリングをいつもたのしみにしています。

ドイツはふゆがながくてさむいので、そのあいだはあまりじてんしゃにのれません。いまはなつなので、たくさんじてんしゃにのっておでかけできて、とてもうれしいです。

『私のお弁とう』

個人応募（アメリカ在住）小一　柏崎佳澄（かしわざき けいと）
（海外滞在年数六年十カ月）

「あっ！　ない！　車の中においてきちゃった！」

て、おもったの。だって、お弁とうをわすれた人は、あさのうちにせんせいに言わないといけなかったから。大へんなことになったとおもいました。おきょうしつのアシスタントのアンリッケスさんに言うと、

「あらかわいそ。」

と言って、私をぎりぎりきゅうしょくの人リストに入れてくれました。

　ケネス・コルバート小がっこうは、私がすむハミルトンのむらにあります。私はそこのねんちょうさんです。ケネス・コルバート小がっこうでは、おひるごはんはお弁とうかきゅうしょくのどちらかで、自ぶんできめます。いつもきゅうしょくをたべているのは、クラスメイトのジギーくん、ときどきアムリーちゃん、あとすこし太っちょのデイトンくん。でもさいきんすこし太っちょじゃなくなったの。おうちに牛がいるボーくんもきゅうしょくです。

　私はいつもは、お母さんがつくってくれるお弁とうです。私のすきなお弁とうは、やいたしゃけとお米にひじきをかけたのとほうれんそうです。私はとくにおばあちゃまがおくってくれるひじきが大すきです‼

　でも、私はこのあいだお弁とうのじかんにアンリッケスさんに、

「あなたのおはしはどこ？」

ときかれて、かおがまっかになりました。なぜなら、がっこう中でおはしをもっている人は私だけだからです。カレーライスを見て、

「ヤック！」

と言う人もいるよ。それはアムリーちゃんです。でも私はぜんぜんきにしていません。

　おひるになって、みんなでならんでカフェテリアにいきました。きゅうしょくは、いろいろあって、ハンバーガー、チーズバーガー、ベーグルがありました。かみのトレーにのっていておいしそうでした。私は、ベーグルが一ばんけんこうだとおもってえらびました。トレーには、ほかにも赤いリンゴやプラスチックの牛にゅうのボトルがのっていました。はじめにたべたリンゴが一ばんおいしくて、ベーグルはふつうでした。

学こうのあと、お母さんが今日のお弁とうどうだったと聞いたから、お弁とうをわすれたことを言いました。お母さんは、えっ‼といいました。お母さんは、私がわすれた、お弁とうを車からとりだして見せてくれました。中みは、ひじきをかけたお米でした。私は目になみだがたまってしまいました。

もうお弁とうをわすれないぞ‼ ぜったいに‼

『はたらく人たち』

イスラマバード日本人学校（パキスタン）小二　佐藤碧
（海外滞在年数二年）

わたしは、パキスタンのイスラマバードにすんでいます。ようちえんのときにきました。パキスタンにきておどろいたことは、日本には、いえではたらいている人はいないけどパキスタンにはいることです。

わたしのいえで、はたらいている人は五人います。みんな男の人です。では、みなさんをしょうかいします。

まずはじめに、ドライバーさんをしょうかいします。なまえは、セユーンさんです。うんてんしゅで、いつも学校におくってくれたりむかえにきてくれます。おかいもののときには、にもつもはこんでくれます。イヤリングやブレスレットをしていてとてもオシャレです。

つぎにコックさんです。なまえは、アーフタールさんです。いつもおいしいりょうりをつくってくれます。わたしがすきなマトンカラヒもつくってくれます。マトンカラヒはパキスタンのりょうりです。マトンにからいソースがかかっていてナンでたべます。コックさんは、いつも子どもにちょうどよいからさにしてくれます。クッキーもつくってくれます。あまくておいしいです。

そのつぎは、サミーさんです。火曜日と木曜日と土曜日にうちにきて、そうじをしてくれます。土曜日は、にわをそうじしてくれます。じゅうたんもかたづけてそうじしてくれます。いつもにこにこして、「ハロー。」とあいさつしてくれます。

つぎは、マリーさんです。おうちのはたけにやさいや花をうえてくれます。まい日水をやってくれます。マリーさんがそだてたえだまめ、なす、にらは、コックさんがピザやちゃわんむしにしてみんなでたべました。

さいごにチョキダールさんです。なまえはわかりません。でもかぞくではルイージとよんでいます。なぜなら、ゲームのスーパーマリオブラザーズのルイージとおなじようなひげがあるからです。もんのまえの小さないえにいてわたしたちのいえをまもってくれます。じゅうをもっているから、すこしこわいです。いえにかえったとき、わらってむかえてくれます。夕がたにこうたいします。よるもずっといえをまもってくれます。

みなさんは、いつもわらっていてとてもやさしいです。ウルドゥーごなのでわたしはあまりお話をすることができません。これからは、ウルドゥーごをならってお話をしたいです。

わたしは、みなさんのおかげであんしんしてくらせてうれしいなと思います。そして、みなさんにかんしゃをしたいです。これからもなかよくしたいです。

『えいごと音がく』

ロサンゼルス補習授業校（サンタモニカ校）（カリフォルニア州）小二　武智理紗（たけちりさ）
（海外滞在年数八カ月）

わたしは、おとうさんのしごとでアメリカに行きました。

はじめて学校に行った日、わたしはなにもえいごがわかりませんでした。しかし、たんにんの先生はとてもやさしかったので、ていねいにおしえてくれました。

ある日、先生がたんごのはつ音が分かるかみをくれました。そのかみを、おかあさんといっしょになんどもくりかえし読んで、こえに出してべんきょうしました。また、まい日えいごの本を音読しました。そしてやっとつづりとはつ音が分かるようになりました。

はじめはえいごが分からなくてつらかったけれど、だんだんできるようになり、ともだちもたくさんできてとてもうれしかったです。

一年生がおわるころ、わたしはクラスのみんなにとくいのバイオリンをえんそうしました。自分と国のちがうともだちの前でえんそうするのは少しきんちょうしましたが、上手にひくことができました。

みんなが、

「このきょくがすきです。」

「すばらしい。」

と言ってくれました。

ことばはちがっても、音がくは人をよろこばせ、かんどうさせることができるのだなと、思いました。

わたしがバイオリンをひいたあと、おともだちのおかあさんがチェロをひいてくれました。わたしは、そのきょくが大すきでよくしっていたので、わたしは、

「そのきょくが大すきです。」

と、ゆう気を出してえいごでつたえました。ともだちのおかあさんはとてもよろこんでくれました。えいごを話すことができれば、せかい中の人に思いをつたえることができます。音がくもせかいの人たちをかんどうさせることができます。音がくとえいごはにているなと思いました。

これからもわたしはえいごとバイオリンをがんばります。

『ぼくとタクシー』

ウェールズ補習授業校（イギリス）小二　松浦朝大（まつうらあさひ）
（海外滞在年数七年八カ月）

ぼくのいえは、学校からとてもとおいので、あるいて行くことができません。だから学校がよういしてくれたタクシーで行きます。ぼくは五さいのことはぜんぜんおぼえていませんが、おかあさんがまい日、

「おねえちゃんとかならず手をつなぐんだよ。」と、言っていたそうです。それからしばらくしてコロナがきて、ロックダウン中はおかあさんが学校につれて行ってくれました。

ロックダウンがおわった八月のおわり、もうぼくは一年生になっていて、おねえちゃんは中学生になってしまいました。学校がはじまる二しゅうかんまえにタクシー会社もかわってしまいました。おかあさんはとてもしんぱいでした。なぜかというと、おねえちゃんはもういっしょに行かないし、インターネットでさがしてもその会社の名まえは出てこなかったからです。

九月一日。大きな赤い車がやってきました。それがあたらしいタクシーのショポンさんの車でした。はじめてショポンさんがむかえにきてくれたとき、

「毛がなくておとうさんみたいだな。」

と、ぼくは思いました。おかあさんもおとうさんもショポンさんとあいさつをしてすぐにあんしんしたようでした。

ショポンさんは、パキスタン人で十六さいのときにイギリスにきたそうです。ショポンさんの本とうのしごとは、タクシードライバーではないのです。本とうはぼくのすんでいる町のメルクシャムで、はじめてひらいたカレーやさんなのです！タクシーだけじゃなくてカレーやさんのしごとをしているなんてすごいな、ぼくもショポンさんのカレーやさんに行ってみたいなと思いました。

一年生だったぼくは、ショポンさんの大きな車では、カーシートにすわってもまどからなにも見えませんでした。学校には、だいたい十分ぐらいでつくので、ぼくはいつもしずかにすわっています。そうすると、ショポンさんがときどき、「しかがいるよ。」とか、「あそこにヘリコプターがとんでいるよ。」と、言ってくれます。それから天気のことも話してくれます。「きょうはいい天気だね。」、「きょうはわるい天気だね。」、このせりふはイギリス人みたいだなと、ぼくは思いました。

ぼくのクラスのジョージは学校のとなりにすんでいて、スクーターやじてん車にのって学校に行きます。ぼくはそれを見ていつもいいなあと思っています。でもたのしいこともあります。二年生になったぼくはすこし、タクシーからおかあさんのかおが見えるようになりました。だからタクシーにのって行ってしまうまえに、いつもそとで見おくってくれるおかあさんとじゃんけんをします。ときどきおとうさんもいえから出てきてくれて、おとうさんとおかあさんの二人とじゃんけんをします。かったり、まけたり、ゲートを出て見えなくなるまでじゃんけんをします。これでぼくはたのしい気もちで学校に行くことができます。

ぼくのおとうさんは、ショポンさんとおしゃべりをするのがすきです。その上、ぼくの学校の先生たちも、「ショポンさんはやさしいね。」と、ぼくのおとうさんにレポートしてくれました。それをきいたショポンさんは、にこにこはずかしがっていました。

かっこいいぼうしをかぶったり、ワニのサンダルをはいたり、いつもおしゃれをしているショポンさん。ぼくは、ショポンさんは一ばんあんぜんで、やさしいスーパータクシードライバーだと思います。

ショポンさん、あしたもよろしくおねがいします。

『せかいドサ回り』

ニューヨーク育英学園サタデースクール（NJ校）（ニュージャージー州）小二　能登大賀（のとたいが）
（海外滞在年数七年）

ぼくのお父さんは、おしごとで今までに、中国・ベトナム・カンボジア・インド・アメリカをまわってきました。ぼくたちは、かぞくみんなですみたいので、どこでもついていっています。

カンボジアでは、トゥクトゥクというバイク三りん車タクシーにのって、町のあちこちをいどうしたことが、たのしかった思い出です。ガタガタしたみちや見たことがないみちをとおったり、みちばたで、フルーツをもらったりして、まい日がぼうけんみたいでした。

インドでは、ようちえんでぼくがはじめての、たった一人の日本人でした。先生やクラスメイトは、ぼくやかぞくにとてもしん切にしてくれました。ランチのまめカレーは、からくなくておいしく、ぼくの大好ぶつです。クルタという、インドのみんぞくいしょうをプレゼントでもらって、おまつりの日にみんなできたことは、今でもおぼえています。

アメリカにきて、おどろいたのは、ここには色んな国の人がすんでいることです。アパートや学校でも、中国やインドのお友だちがいて、なつかしいです。ほかにも、ぼくのしらない国からきたお友だちもできました。アメリカにいると、せかい中のことがわかるような気がします。

お母さんは、ぼくたちのことを、「せかいドサ回（まわ）りかぞく。」とよびます。海外の国をあちこちまわることは、ぼくたちにとって、とても「かち」のあることだそうです。ことばや文かがちがう国で生かつするのは、大へんなことも多いけれど、サバイバルのたびみたいです。つぎはどこに行くのかな、どんな人に会えるかな、とドキドキワクワクしています。

ぼくは、せかいではたらくお父さんが、とてもじまんです。ぼくも、大人になったら、お父さんみたいに「ドサ回り」ができたらいいな、と思います。

『れいぞうこがこわれた』

ニューヨーク育英学園サンデースクール（ニュージャージー州）小二　リン　海声（かいせい）
（海外滞在年数七年四カ月）

二しゅうかんぐらいまえに、れいぞうこの音がすこしうるさくなってきて、それから、ワイヤーがこげたような、ガスのようなにおいもしてきました。そこで、おとうさんがれいぞうこをつくった会社にでん話をして、しゅうりにきてもらうことにしました。

ぼくたちはその間、まどをすこし開けてせいかつしていましたが、しゅうまつだったのでじ間がたつのがおそくかんじました。

おじさんは朝早くきてくれたけれど、

「コンプレッサーをちゅう文しなくてはいけない。」

と言ってかえって行きました。

その次の月曜日、ちがうおじさんがやってきて、コンプレッサーをこうかんしてくれました。でも、今どはあたらしいコイルがひつようだと言ってかえって行きました。

水曜日の夕方、おじさんはコイルをもってきて、ついにれいぞうこをなおしてくれて、次の朝からつかえるようになりました。れいぞうこも、れいとうこもひえひえです。

おとうさんとおかあさんは、おとなりさんであずかってもらっていたたべものを、よろこんでひきとりに行きました。やく十日間、クーラーボックスの中に入れていたたべものも、れいぞうこにもどしました。

ぼくたちは、れいぞうこのない生活をしていたので、元通りの生活ができるようになってとてもうれしかったです。ふだんあたりまえのようにれいぞうこをつかっていたけれど、ないとてもふべんだということがよくわかりました。

でも、そのつぎの日、なんと今どはれいぞうこから水がもれているのをはっ見しました‼　ぼくたちはびっくりしました。

おとうさんは電話をして、またしゅうりにきてもらうことにしました。なかなかれいぞうこはなおりません‼　でも、今回はれいとうこもれいぞうこも、ちゃんとひえています。

今日も、これからおじさんがしゅうりにきてくれるよていです。おじさんは、わるいところを見つけてちゃんとなおしてくれるでしょうか？

「ぜん回、ぼくがれいぞうこにガスをいれすぎてしまったみたいだ。」

と、おじさんは言いました。そして、夕方六じから二じ間かけてしゅうりしてくれました。

れいぞうこは、ついになおったようです。やく三しゅう間、ふべんだったけれど、しんぼうづよくまつことを学んだ出きごとでした。

『スーパーヒーローの日』

ヨークシャーハンバーサイド補習授業校（イギリス）小二　佐々木（ささき）仁之（にの）
（海外滞在年数七年四カ月）

春、学校中でスーパーヒーローのかっこうをする日がありました。

「あした、なにをきるの。」

「ひみつ。」

クラスのみんなは、まえの日からワクワクしていました。どうしてかと言うと、じぶんがすきなヒーローのコスチュームをきられるからです。

ぼくは、ふちだけのめがねをかけ、赤と黄色のせんが入ったシャツをきて、おとうさんになりました。おとうさんが、すきだからです。おとうさんは、いつもいえのことをしてくれます。それに、やさしくてたのしいからです。おかあさんがサングラスからレンズをとって、ふちだけのめがねをくれました。

ともだちは、スパイダーマンやハリーポッターのかっこうをしていました。先生のかっこうをした人もいました。でも、かぞくのかっこうをしたのは、ぼくだけでした。

あさ、ぼくのクラスのマウク先生が、ぼくがだれのかっこうをしているのかを聞きました。ぼくが、

「おとうさん。」

と言うと、先生は、

「すてき、すばらしいね。」

と言いました。

ぼくは、その日のぜん校しゅう会で、校長先生にひょうしょうされました。すこしびっくりしたけれど、しょうとチョコレートをもらって、とてもうれしくて、ほこらしかったです。ぼくは、きょうりゅうもすきです。はじめ、きょうりゅうになるのもいいなと思いました。でも、おとうさんになってよかったです。

『東京とロンドンの地下鉄』

ロンドン補習授業校（イギリス）小二 北川宗侍（きたがわしゅうじ）
（海外滞在年数四年十一カ月）

一年生の夏休みに、ぼくは日本の東京からイギリスのロンドンにひっこしてきました。イギリスにきたのははじめてでしたが、ぼくはロンドンのあるものについてよくしっていました。それはちかてつです。

ロンドンはせかいではじめてちかてつがはしった町です。日本にすんでいるときに、ちかてつはくぶつかんに行って今からやく百六十年まえにせかいではじめて、土の下をはしるでんしゃがロンドンではしりはじめたことをしりました。むかし、ロンドンちかてつを見てかんどうした早川のりつぐさんという人が東京のちかにもこの鉄道を走らせたいとけついし、日本ではじめてのちかてつをつくったそうです。ぼくは電車が大すきなので、日本にすんでいるときにはたくさんのちかてつにのりました。だから、ロンドンでもたのしみにしていました。

ひっこしてきてすうじつご、ついにロンドンちかてつのチューブにのりました。東京メトロのさいしんがた車両とはちがって、ふるくてせまくてきたない車両でした。はしっているときの音が大きく、車ないではおしゃべりができません。らくがきやごみがあり、ぼくはきたないけどしかたないかな、と思いました。

ロンドンにすんで、しばらくしたころ、チューブの車こで行われたイベントに行きました。むかしの車両やろせんずなどがてんじされていました。せかい中のてつどうかんれんのものがうっていて、東京メトロぎんざ線のぶんちんがありました。ぼくとおなじくらいの男のこがそれを見て

「これとってもクール。」

と言ってほしがっていて、でもそれがなになのかわからないようでした。だからぼくは

「それは日本のぎんざ線で、日本ではじめてはしったちかてつなんだ。」

とおしえてあげました。男の子とおかあさんはうれしそうにそのぶんちんをかって

「日本のちかてつってかっこいい。おしえてくれてありがとう。」

といいました。ぼくは日本のちかてつをほめられて、はずかしいような、ほこらしいような気もちになり、

「ありがとう。そのちかてつはロンドンをさんこうにつくられたんだよ。ロンドンのちかてつもかっこいいよ。」

とつたえました。男の子はおどろいて、でもえがおになりました。

ロンドンのちかてつは日本のちかてつよりふるいけれどざせきカバーにはモケットというきれいなもようのぬのがつかわれていて、すわりごこちがいいです。えきでくばられているろ線ずも、ゆうめいながかの人がひょうしをかいていて、とてもすてきです。ぼくはさいきんは古いものもかっこいいなとおもっています。

『おいわいの国メキシコ』

モンテレー補習授業校（メキシコ）小二　高巣友彰（海外滞在年数六カ月）

ぼくは、四か月前にメキシコに来ました。町ではあたり前ですが、日本語がつうじないのでさいしょはとてもつらかったです。でもたのしいこともあります。それはイベントがたくさんあってとくにたんじょう日をせい大にいわうことです。

それでは、日本とメキシコのたんじょう日会のちがいを三つあげたいと思います。

一つ目はケーキの大きさです。日本では二十センチくらいの大きさのケーキを家ぞくでたべます。メキシコでは四十センチくらいのとても大きなケーキを大ぜいでたべます。

二つ目のちがいは、ケーキの上にのせるろうそくです。日本のろうそくは、ふつうのろうそくを年の数だけケーキの上にたてます。一方メキシコのろうそくは、花火になっていたり、火をつけると花がさいたりするしかけがあるものもあります。ぼくはそれをはじめて見たとき、とてもびっくりしました。

最後のちがいは、さんかする人数です。日本でのぼくのたんじょう日会は家ぞくだけでおいわいしました。でもメキシコでは、クラスメイトやお父さんの会社の人も来て、とにかく大ぜいでおいわいしました。たくさんの人が来てくれてとてもうれしかったです。これがぼくのメキシコで見つけたすてきでたのしいことです。

ぼくのたんじょう日はおわってしまったけれどつぎはともだちのたんじょう日をおいわいするのがたのしみです。なぜなら、ぼくがたくさんの人からうれしい気もちをプレゼントしてもらったように、今どはぼくがともだちにおいわいの気もちをプレゼントしたいからです。

『わたしのおうちのヘルパーさん』

香港日本人学校大埔校（中華人民共和国）小二　ボベッティ　杏奈（あんな）
（海外滞在年数八年）

わたしのおうちには三月までインドネシア人のヘルパーさんがいました。お名前はノックです。目が大きくてめがねをかけていました。おそとに行くときは、ヒジャブをきてかおをかくしていました。とても長いスカートをはいていました。あつい日も長そでのシャツをきていました。

　まい日早くおきておそうじをしたり、おさらをあらってくれました。それからおかあさんはおしごとでとてもいそがしいからわたしのおむかえにきてくれました。いもうとのおむかえにも行きました。

　わたしが一年生のとき木曜日はごぜんで学校がおわりました。だからまいしゅういっしょに魚つりに行きました。つった魚をおうちでいっしょにおりょうりしてたべました。いっしょにあさりをひろいにも行きました。どこに貝がいるのかをよく知っていました。すながぶくぶくしているところにいると教えてくれました。わたしはノックにおりがみを教えました。だからノックはねこがおれるようになりました。

　ノックはおりょうりがとてもじょうずでした。こいみどり色のケーキをつくってくれました。インドネシアのパンダンケーキです。あまくてすごくおいしかったです。ノックのおりょうりはおかあさんのごはんとちがうあじがしました。ときどきおかあさんは教えてもらっていました。

　わたしはノックのことが大すきでした。わたしのかぞくもノックのことが大すきでした。いつもやさしくしてくれました。わたしはいつもありがとうのきもちでした。わかれるときわたしはなきました。ノックもなきました。とてもさみしくてかなしかったです。またあう日まで元気にすごすやくそくをしました。

『日本でカルチャーショック』

育英サタデースクールポートワシントン校（ニューヨーク州）小三　熊谷海音（くまがいかいと）
（海外滞在年数六年二カ月）

きょ年の夏休みに、日本に帰った。三年ぶりの日本だったから、すごく楽しみにしていた。ほかに楽しみにしていた事の一つが、お母さんが通っていた日本の小学校での体けん入学だ。

　ぼくはこの体けん入学で、わくわくする体けんを何回かした。カルチャーショックだ。

　まず一つ目は、学校に自分一人で歩いて通った事だ。ぼくにとって子どもたちだけで学校へ行くのはどきどきした。なぜなら、今まで一人でどこかに行ったことがなかったからだ。まずは、おばあちゃんのお家から、ぼくが通う小学校まで、歩いて通うれん習をした。おばあちゃんがぼくと一しょに小学校まで歩いて行ってくれた。小学校まで歩くと、二十分かかった。けれども、おばあちゃんとおしゃべりしながら歩いたから、時間が早くかんじた。アメリカでお母さんから、「日本の小学校では、どんなにあつい日も、すごくさむい日も、雨の日も、自分たちで歩いて学校へ行くのよ。だから、今はすごく楽をしているんだよ。」と言われていたけれど、よく分かっていなかった。今のぼくはアメリカで、車で家を出たら、五分で学校だ。車からおりたら、すぐに学校の入り口だ。自分で、太ようがじりじりしてあつい中を毎日歩いてみて、ヘトヘトになった。けれども、自分たちだけで歩くのは、すごくワクワクした。とちゅうでアメンボウを見つけて、みんなで見たり、魚をさがしたりした。

　二つ目は、きゅう食と、きゅう食当番だ。はじめてのきゅう食の時、きゅう食当番になった。ぼくはほかのきゅう食当番さんといっしょに、教室まできゅう食をはこんだ。ぼくは、ごはんをつぐかかりになった。こんなにたくさんの人についだのははじめてで、みんなにつぐのがすごく楽しかった。お友だちから、

「お米もうちょっと多くついでください。」

とたのまれた。たくさん食べたい人はたくさん食べられて、いい考えだと思った。アメリカでは、せん門の人がやってくれて、自分でりょうを調せつすることは出来ないのだ。そして、きゅう食は、いつもえいようがいっぱい入っている食事だった。自分で自分の分をついで、日本のごはんを食べて、すごくおいしくかんじた。お母さんから、

「日本の小学校のきゅう食は、すごくおいしいんだよ。」

と聞いていたけれど、そうぞう以上だった。

三つ目は、そうじの時間があったことだ。さいしょは、どんなことをするのか分からなかった。なぜなら、学校でそうじをした事がなかったからだ。アメリカの小学校では、せん門の人がそうじをしてくれるからだ。ぼくのたんとうは、ぞうきんがけになった。何がはじまるのか、ワクワクした。お友だちから、

「ぞうきんがけきょう走をやろう！」

と言われた。教室のつくえをどかせて、みんなでならんで、自分たちで、

「よーいどん！」

と言って、教室のはじっこからはじっこまできょう走をした。

教室は、自分がそうじをした時、いつもごみが落ちていなかった。落ちているのは、ほこりだけだった。みんな、ちゃんとゴミはゴミばこにすてて、教室をきれいに大切にしているなと思った。もしかして、自分たちでそうじしているからかな、と思った。自分たちが使っている学校を、自分たちでそうじをすることはいい考えだと思う。

今年の夏休みも、ぼくは日本へ帰る。今年も、同じ小学校に通えることになった。また先生や、もと二年一組のやさしくて面白いお友だちに会えるのが、楽しみだ。今年も、どんなワクワク体けんが出来るか、今から楽しみにしている。

『「すみません」という言葉』

ニューヨーク育英学園サタデースクール（ポートワシントン校）（ニューヨーク州）小三　上田（うえだ）　明（めい）
（海外滞在年数八年三カ月）

日本に行くとよく「すみません」という言葉を聞きます。わたしのお母さんもよく使います。

けれども、わたしはときどき日本語のこの「すみません」がどういう意味なんだろう、と分からなくなることがあります。なぜなら、どこに行っても、いろんな人がぜんぜんちがう場面で「すみません」と言っているからです。

たとえば、日本のレストランに行って食べものをちゅ

う文する時、お父さんやお母さんは「すみません。」と言って手を上げます。それに、知らない人とぶつかってしまった時や何か人にめいわくをかけてしまった時、大人の人は「すみません。」と言ってあやまります。あと、人から何かしてもらった時にも「わあ！　どうもすみません。」とおれいを言っています。この「すみません」という言葉がわたしはとてもふしぎです。

　アメリカでは人に何かおねがいをしたり、人のすぐ近くを通る時は、こっちに気づいてもらうために「Excuse me」と言います。何かわるいことをしたり、めいわくをかけて人にあやまる時は、「I'm sorry」と言います。人に何かをしてもらった時のありがとうの気もちは、ぜったいに「Thank you !」と言ってつたえます。

　わたしのお父さんもお母さんも日本語はむずかしいとよく言います。それは、日本語には平がな、カタカナ、漢字があることですが、一つの言葉にはいっぱい意味があるからだそうです。「あめ」という言葉にはお天気の「雨」とおかしの「あめ」、「はし」には「はしっこ」とごはんを食べる時に使う「おはし」の意味があるのがよいれいです。

　「すみません」という言葉に本当にたくさんの意味があるのか気になって国語じてんで調べてみました。すると、①おわびの言葉、②ものをたのむ時に言う言葉、③おれいの言葉、の三つの意味がありました。「すみません」と聞くと、わたしは何かお願いをする時の意味しか思いうかびませんが、こんなにいろいろな意味の「すみません」があるなら、その「すみません」がどの意味なのか、その時に話していることや場面を考えないといけないなと、日本語ってむずかしいなと思いました。

　今年の夏、ひさしぶりに日本に行きます。きっといろんなところで「すみません」の言葉を聞くと思うので、それが「ありがとう」なのか、「ごめんなさい」なのか、何かをおねがいする時なのか、よく聞いてよそくしてみようと思います。

　国語じてんにはのっていませんが、もう一つ、わたしのお父さんはお母さんのことをときどき「すみません」とよびます。きっと何かおねがいする意味の「すみません」なんだと思いますが、お母さんがレストランの店いんさんみたいでかわいそうです。

『ぼくのプチようほう体けん』

カンタベリー補習授業校（ニュージーランド）小三　麻生孝佑（あそうこうすけ）
（海外滞在年数九年）

「うちゅうひ行士になったみたい。」

　大きい頭で全しんまっ白になったぼくは、そう思いました。ビースーツをきて、ひじより上まである長い手ぶくろをはめた時のことです。秋休みに、ぼくは、みつばちのことを学ぶホリデープログラムにさんかしました。それで、ビースーツをきたのです。歩くのにはくせんしました。ふつうに歩いているつもりなのに、ギャロップしているみたいなかんじになりました。

　はちの先生、キャスリンさんが、ぼくたちをようほうばこにあん内してくれました。ようほうばこは、木のはこが二、三こかさなっていました。一番上のふたは、金ぞくでした。キャスリンさんがふたを開けたら、はちがいっぱいたまって、いそがしそうにしていました。中には、すわくがたてに十まい入っていました。ここで、じゅんびしてきたスモーカーとさとう水をつかいました。スモーカーは、はちをおとなしくさせるための道ぐです。さとう水は、はちがつかれている時、元気にしてくれます。キャスリンさんが、

「やってごらん。」

と言って、スモーカーをぼくにわたしてくれました。スモーカーについているかばんみたいなぶ分をおしたら、はい色のけむりがもくもく出ました。すごくこげくさかったです。ぼくにけむりをかけられたはちは、みるみるおとなしくなりました。まるで、ぼくがはちの時を止めたみたいでした。べつの子が、ようほうばこのはじの細長いすき間に、さとう水を入れました。

　その後、ようほうばこからすわくをもち上げて、すのかんさつをしました。はちがかさなって、山になっているところは、

「ラグビーのスクラムみたい。」

と思いました。

「ふー。」

はちをおこらせないように、そっといきをかけると、はちがうごいて、すが見やすくなりました。はちみつがいっぱいありました。女王ばちも見つけました。ほかのはちより二ばいぐらい大きかったです。それから、はちのよう虫やさなぎもたくさんいて、びっくりしました。ぼくは、すごいしゅん間を目げきしました。みつろうのふ

たがついている穴の中で、さなぎから大人になったはちが、みつろうをやぶって外に出てきたのです。出てきたばかりのはちは、バナナの中みの色ににていました。少しぬれているように見えました。キャスリンさんが、

「みつろうの色が茶色いところは、もうすぐはちが出そうなところだよ。」

と教えてくれました。それで、茶色いところをじっと見ていたら、あと四回も同じしゅん間を見ることができました。

たっぷりかんさつした後、キャスリンさんがすわくをもとにもどしてくれました。気がつくと、はちがぼくの体中にとまっていて、かわいかったです。

「あー、楽しかった！」

ビースーツをぬいだら、体がかるくなって、いきがしやすくなりました。

ぼくは、今までみつばちのことをあまり知りませんでした。大人のみつばちは、三週間くらいしか生きられないことや、一どさしたら死んでしまう、ということをはじめて知りました。はちみつが大すきなぼくは、家でよくはちみつをパンにつけて食べたり、カモミールティーに入れてのんだり、スプーンですくってそのままなめたりしています。でも、きゅうに心ぱいになりました。理由は、

「はちみつは、はちが生きるためにあるのに、人が食べていいのかな。」

と思ったからです。あとで、人間がはちみつをとってあげることで、はちがまたたまごをうんで、赤ちゃんをそだてるスペースを作ることができると知って、あん心しました。このプログラムで、いつもお世話になっているはちのことをたくさん知ることができて本当によかったです。

『まほうのたいやき』

ヨークシャーハンバーサイド補習授業校（イギリス）小三　ジェームズ　珠乃（じゅの）
（海外滞在年数九年三カ月）

わたしは月曜日から金曜日までイギリスの学校に行きます。でも、土曜日は日本語の学校に行って日本人になります。毎週、へんしんします。でもかがみを見たら、日本人に見えません。目はみどりで、かみのけは茶色です。わたしはどうして日本語を習っているのかなっとときどきかんがえます。

でも、さいきんなにかが変わりました。お母さんが言いました。

「いっしょにたいやきつくる？」

わたしは、食べた事がなかったのでとてもうれしかったです。そして、作ったあと十こぐらいたべました。

次の日、イギリスの学校に持って行きました。友だちのトルシーに見せました。

「何それ、へんなの。」

とえいごで友だちが言いました。それを聞いて、ちょっときずつきました。

「どうしてあまい豆が入っているの？　どうしてチョコレートじゃないの？」

と聞かれました。わたしは、あんこが大好きなので、どうして友だちがわかってくれなかったのかわかりませんでした。イギリスのおかしは、チョコレートやクリームを入れるので、きっと豆は変だったのでしょう。

土曜日になりました。いつものようにほしゅう校に行きました。二十分休けい時間にまたお母さんと作ったたいやきを出して、食べはじめました。そして友だちのえまちゃんが、おいしそうに見ていました。

「ほしい？」

とドキドキして聞きました。

「うん。」

とえまちゃんが言いました。一つあげていっしょに楽しくたいやきを食べました。えまちゃんはわたしみたいにあんこが好きだったのです。

家に帰ってやっとわかりました。わたしのすがたは、日本人に見えなくても、中に日本人の女の子が入っているのです。だから日本語を習っているのです。たいやきの中みみたいに、わたしの体の中はチョコレートじゃなくてあんこで出来ているのかな？

『ぼくのい場所』

ダービーシャー補習授業校（イギリス）小三　エルゴザミィ　ジェイク
（海外滞在年数九年二カ月）

ぼくは今年の春、日本人ほ習校の三年生になりました。これは、ぼくにとってとても大きなことなのです。実はぼくは、ほ習校は一年生でやめようと思っていました。でもさい近ではこのほ習校へ行く土曜日が、ぼくの大切な一ぶになってきていると気づいたのです。

ぼくがほ習校へかよいはじめた理由はいくつかあります。ぼくのお母さんは日本人なので、

「ジェイクには日本語のべん強だけではなく、日本の学校ではどのように学ぶのか、日本の文かや行事も体けんしてほしいな。」

と言っていたのと、日本語の本を読めるようになって日本にいるおじいちゃんとおばあちゃんをびっくりさせてみたかったからです。でも、実さいにほ習校に入学した年はロックダウン中でじゅぎょうがずっとオンラインで、ワクワクする事があまりありませんでした。

「もうやめたいよ。」

と言ったぼくにむかってお母さんがかなしそうな顔をしました。

「ジェイクの気もちは分かるけれど、まだ楽しい事もけいけんしていないのに今やめてしまうのはざんねんだしもったいないな。」

ぼくはお母さんをかなしませるのはいやだったので、二年生もつづけてみる事にしました。

コロナのいきおいがおさまり、かよえるようになったほ習校は、びっくりする事ばかりでした。イギリスのげん地校とちがって、じゅぎょうがおわるたびに休み時間があるのです。お友だちとお話したりトイレに行ってすごします。じゅぎょう中も、げん地校では一人でプリントをする事が多いのですが、ほ習校ではお友だちと話し合ったりみんなでいっしょに教科書を読んだりするのです。むずかしくてもお友だちや先生がたすけてくれるのでがんばってみようと思えるようになりました。それから、うん動会です。ぼくは生まれてはじめてパン食いきょうそうやつなひき、二人三きゃくにさんかしました。

学校で先生からうん動会について聞いた時には、

「なんてふ思ぎな事をするんだろう？」

と思いました。ぼくのげん地校では、ようちぶから六年生までがいくつかのグループに分かれて、グループでた

いけつをします。内ようは、バケツリレーのようなゲームだったり、時間内にみんなで何回サッカーボールをゴールに入れられるかといった、チームでとく点をかせぐ物ばかりです。でもほ習校のうん動会には、ときょうそうやしょうがい物きょうそうなど、こ人レースがあります。

「ぼくががんばれば白組のとく点になるんだ。」

家で家族とれん習をしたので、当日はパン食いきょうそうとお父さんと走った二人三きゃくで一いをとる事ができました。とても気もちがよかったし、一番の思い出になりました。

ほ習校で僕の一番すきな時間は、お昼休みです。お母さんは毎週、ぼくの大すきな物をおべん当に入れてくれます。のりまき、たまごやき、からあげ、オクラ、たらこ。こういう物をげん地校にもって行ったら、みんなからちゅう目されてしまいそうで気になる物も、ほ習校になら平気でもって行けるのです。天気がいい日は外でおべん当を食べたり、先生もいっしょに食べる事がげん地校ではないので、とてもワクワクします。おべん当を食べると、大きな校ていで友だちとあそびます。友だちの中には、家族のし事でイギリスにちゅうざいしている子もいれば、ぼくのようにお父さんかお母さんが日本人で、イギリスにすんでいる子もいます。少し日本語がへんになってしまってもだれも気にしないのです。日本のおかしを交かんしたり、おにごっこをしたりするうちにお昼休みはあっという間におわってしまいます。

ほ習校は、日本ではないけれど、イギリスでもないふ思ぎな場所だと思います。ほ習校からのかえりみちの車の中で、お母さんとその日の出来事を話すのですが、ある日ぼくは言いました。

「ほ習校ではみんな、ぼくみたいだからcomfortableなんだ。」

お母さんがニコニコしていました。

「ジェイクみたいって、どういう事？」

「見た目も考え方も日本とイギリスがまざってるって事。」

「そうか。じゃあほ習校はとくべつな場所だね。」

その日から、ぼくはほ習校に行く朝は自分で目ざましをかけておきられるようになりました。ぼくのい場所を見つけた気がしました。

『学校で学んだウクライナせんそう』

デュッセルドルフ補習授業校（ドイツ）小三　小林　春

（海外滞在年数八年五カ月）

エリアン、アリアーナ、アリーサ、エマ、ニコラー、アンドレー。今年の二月からぼくのクラスにてん校してきたウクライナの友だちです。そして四月、じゅぎょう中にユーチューブでウクライナせんそうのインタビューを見ることになりました。

「こんにちは。おケガはありませんか。ご家族はごぶ事ですか。」

ドイツからテレビきょくの人が、ウクライナにいる男の人にビデオ電話をかけています。

「ぶ事です。でも、今までは町にすんでいましたがかなり近くにばくだんがおとされました。なので、今は町の外れにひっこしています。それでも朝五時ぐらいにばくだんの音でおきてしまいます。」

と、男の人はつかれた声で答えています。また、今は家の中でしかはたらけなくなったことや、ふつうの生活にもどりたいことなどを話していました。

つぎにクラスのみんなで、ウクライナせんそうについて話し合いました。まずマテオは、ロシアのプーチン大とうりょうはうそをついている、と言いました。すると、ほとんどのクラスの子たちが、

「そうだそうだ。プーチンはまちがったニュースをテレビでながしている。」

と、さけびました。その後先生が、

「もしプーチン大とうりょうが、せん車五十台とせんとうき五十きでドイツに来たらどうなると思う。」

と、しつ問しました。オスカーが答えました。

「たくさんの国がドイツをたすける。でも、ウクライナにはたすけが来ないから心ぱいです。」

ぼくは、ぼくが知っていることをみんなにつたえたかったので、

「日本はへいしはおくれないけれど、お金やヘルメットをおくっている。」

と、言いました。さい後にルカが

「ウクライナからにげたくても空こうが使えません。ひ行きがばくだんでおとされるからです。」

と言ってじゅぎょうがおわりました。

このじゅぎょうの後、こんなに大へんなのにドイツに来てくれてありがとう、という気もちになりました。ク

ラスのウクライナの友だちは、ほとんどドイツ語ができませんん。だから、さいしょはいつも六人でこおりみたいにかたまっていました。でも今は、ニコラー、アンドレー、エリアンと少しなかよくなりました。言葉はまだ通じないけれど、一しょにサッカーをしたり、ハイタッチであいさつをしたりするようになりました。また、アリアーナはえい語が話せるので、ドイツ人とウクライナ人の通やくをしています。

ぼくは、ユーチューブで少しウクライナ語をべん強しました。友だちのことをもっとよく知りたいからです。せんそうがおわったら、ウクライナの友だちのふる里にみんなと行ってみたいです。おしろみたいな白と金のすてきな教会の上から、ウクライナの町を見下ろしてみたいです。そして、できたてのボルシチやあつあつのコトレタ・ポチエフスキー（キエフ風チキン）を食べながら、げん地の人とウクライナ語で話がしてみたいです。

『楽しむ幸せ』

ヒューストン補習授業校（テキサス州）小四　倉橋孝四郎
（海外滞在年数二年六カ月）

大きなはく手につつまれて、ぼくは
（やったぞ）
と思いました。

ぼくが、初めて学校のタレントショーに出ようと決めたのは、友だちのベイラーがさそってくれたからです。さい初は、少しなやみました。なぜなら、たく山の人の前で何かをするのはとてもはずかしいと思ったからです。けれど、ベイラーがどうしてもぼくといっしょに出たいと言うので心を決めました。

まず、何をするのか話し合いました。ベイラーにはとてもいい考えがありました。それは、光るぼうを体につけて暗やみの中でおどることです。

次に、ステージでおどるには二人では、少ないので仲間をふやそうとなりました。ぼくたちは、本番でみんなをびっくりさせたいので、ひみつを守れる子がいいと思いました。そこで、二人の友だちに声をかけました。二人ともそのダンスが楽しそうだと、すぐにオッケーしてくれました。

全員で音楽とふりつけを考えました。みんなで色々なアイディアを出しあうのは、とても楽しかったです。

何回も、公園で練習をしました。家でも時間があれば練習をし、オーディションの日をむかえました。

言われた時間に教室へ行くと、たく山の人が同じようにオーディションを受けるために待っていました。

ぼくたちは、ぶ事に合かくしてステージに立てるのかふ安になってきました。でも、みんなではげまし合って待ちました。

名前がよばれて教室に入りました。三人の先生がすわっていました。電気を消しておどり始めました。光るぼうが、きれいでした。と中、ベイラーの光るメガネが落ちて、先生たちは、大わらいしました。

次の日、

「とてもすてきなアイディアでした。本番を楽しみにしています。」

と合かくのれんらくが来ました。なんと、本番では一番さい後に出えんする事も決まりました。うれしかったです。

本番の日、朝からぼくはどきどきしていました。

ところが、問題が発生しました。ステージの照明を落としてはいけない事になったのです。それは、前日、同じテキサスの中にあるユヴァルディの小学校で起きた事けんのえいきょうでした。おそろしい事けんだったので、生との安全と心を守るためだと、校長先生が言いました。

とてもざんねんだったけれど安全が一番大切なので仕方がないと思いました。

がっかりするぼくたちに校長先生が三つのていあんをくれました。

一つ目は、中止する事で、二つ目は、明りをつけたままおどる事、そして三つ目は、照明を落としてもよい音楽室で四年生の前だけでおどるという物でした。

ぼくたちは、相談をしました。暗い中で楽しくみせるために音楽やふりつけを考えたので三つ目の音楽室に決めました。

そこから本当にばたばたしましたが、みんなに助けてもらってぶ事におどり終えました。

先生たちや友だちたちが大きなはく手と、

「良くがんばったね。」

「おもしろかった。」

と言う言葉をくれて、達成感をえました。

はずかしいと言う気持ちから一歩ふみ出したからえられました。

そして、何より安全で平和でないとみんなで楽しむ事が出来ないと実感しました。

来年は、したい事が当たり前に出来て、だれもふ安を感じず、心のそこからわらえるタレントショーになればいいとねがいます。

『初めての日本人の友達』

デュッセルドルフ補習授業校（ドイツ）小四　江塚万莉（えづかまり）
（海外滞在年数九年五カ月）

「あぁ、今日は運の悪い日だな。」わたしはそう思いながら、がっかりしてスケート場のリンクの外のベンチにすわっていました。やくそくしていた友達が、急に来れなくなったのです。いっしょに来ていた兄は、二人の友達と楽しそうにすべっています。がっかりしてベンチにすわっているわたしに母が、

「あの女の子、同じぐらいの年に見えるよ。お母さんといっしょにすべっているから話しかけてみたら。いっしょに行ってあげたいけど、行けなくてごめんね。」

と言いました。母のおなかには赤ちゃんがいるので、スケートリンクにのることができません。でもわたしは、

「いいの。」

と言って、心の中では「早く帰りたい。」と思いながら時間がすぎるのを待っていました。知らない人に話しかけるなんて……。何て言ったらよいか分からないし、そんなこと、できない。

「もう、あと十分ぐらいで帰るからね。」

　母がそう言うと、帰る前にもう一回すべろうという気持ちになりました。

「いっしょに遊ぼう。」

　わたしはゆう気を出して話しかけました。たぶん、その時はドイツ語で話しかけたと思います。見た目は日本人のようだけど、ここはドイツだからドイツ語で話しかけた方が良いと思ったからです。本当は、その時のことをはっきり覚えていません。でも、とてもドキドキしたことは覚えています。その子がお母さんと日本語で話している声が聞こえてきたので、

「日本語でもいいよ。わたしも日本語できるから。」

　わたしはすぐにそう言いました。そのしゅん間、何だかうれしい気持ちになりました。日本語が使えてうれしい、そう思いました。日本語が使えることが何だかとくべつなことに感じました。わたしはドイツ、デュッセルドルフ日本語ほ習校に三年間通っていますが、ほ習校い外で日本語を話す人は、これまでわたしの母だけでした。その日は、リンクを三回ぐらい回ったら帰る時間になってしまいましたが、新しいお友達との時間がすごく楽しくて、帰る時には今度またいつ会える、と聞いていました。

それから日曜日、火曜日、木曜日と週三回いっしょにスケートをすべるようになりました。わたしに初めての日本人のお友達ができました。

このお友達は、スケートのレッスンに通っていてとても上手です。だから、いろいろなテクニックを教えてくれました。楽しくて、やさしい先生です。シーズンの終わりには、試験もあります。

この日本人のお友達は、日本に住んだことがありません。お父さんとお母さんは日本人ですが、生まれてからずっと別の国に住んでいます。わたしは、ドイツに生まれてくらしています。日本に行ったことはあるけれど住んだことはありません。このわたし達が日本語で会話するのが、何だかふしぎに感じました。四月から九月までは、スケート場は閉まります。わたしとそのお友達は、インラインスケートも好きなので、オフシーズンの間はインラインスケートをいっしょにすべっています。

わたしはこの出来事から、悪い日が良い日に変わることがある、ということを体験しました。ゆう気を出して話しかけて良かったと思います。

『ロウレルとの特別な夏休み』

韓国・ブンダン日本語補習授業校（大韓民国）小四　藤井智希
（海外滞在年数四年九カ月）

二〇二一年、インターナショナルスクールに通っているぼくが、三年生から四年生になる夏休みの話だ。

六月二日、学校から帰るスクールバスのぼくのとなりの座席には、シートベルトをした水そう。バスが大きくゆれる度、ぼくは中が心配になりながらも、いっしょに帰れるうれしさにひたりながら、家に着いた。

「おかえり。」

ぼくのかえりを待っていた母は、うれしそうに水そうを持ち、中を見て、

「うわぁ、こんなに小さいの？」

とおどろいていた。中には、小さな小さな赤ちゃんのカメが一匹、ぷかぷかと水に浮いていた。

約二ヶ月もある長い夏休みの間、アメリカに帰るサイエンスの先生ミスターJが、学校でかっている生き物たちの面どうを見られる家族を数組ぼ集していて、ぼくの家族はコロナ禍での帰国はしない予定だったので、よろ

こんで協力できると伝えた。すると、

「ありがとう。ともきの家族には、特別かわいいカメの赤ちゃんのお世話をたのむね。名前はロウレル、女の子だよ。」

と、ロウレルがうちに来ることになったのだった。生まれてから一度もペットをかったことがなかったぼくは、夏休みの間だけでもカメをかえることになって、最高にうれしかった。ぼくよりおそく幼稚園から帰ってきた弟も、ロウレルを見てとてもよろこんだ。ぼくたち兄弟は、ロウレルをさわってみた。ロウレルは、五さいの弟の手よりもずっとずっと小さかった。母が大きさを測ってくれた。たった五センチ、九グラムしかない。

「小さくて本当にかわいいね。毎日がんばってお世話してあげようね。」

母は言った。エサやポンプなど、必要なものはミスターJから預かっていたし、簡単な注意事項も聞いていた。早速、エサをあげてみた。カメ用フードをパラパラパラ。一粒が五ミリ程度の小さいフードなのに、ロウレルにとってはそれでも大きいようで、なかなか一口では食べられず、何回かかじって小さくしながら食べていた。

こうして、ロウレルとの生活が始まった。水そうの水かえは重いので母がしてくれて、ぼくと弟は、水をかえている間、ロウレルを見ていたり、一日二回エサをあげるのが日課になった。水かえの間、大きめのとうめいのパックの中に入れて、ロウレルはそこを自由に歩き回った。泳いでいるところも、歩いているところも、食べているところも、全てかわいくて、ぼくはたくさん写真をとった。

ロウレルがうちに来て一ヶ月が過ぎたころ、なんだか少し大きくなった気がしたので、大きさをもう一度測ってみた。そうしたら、八センチ、三十六グラムになっていた。来た時はたった九グラムだったのに、四倍の重さになっていておどろいた。それに、一粒のフードは一口でパクっと食べられるようになっていることにも気が付いた。

八月になり新学期が始まって、ぼくは四年生になった。だけど、学校はオンラインでのスタートで、登校出来なかった。悲しかったけれど、そのおかげでロウレルが予定より長くうちにいられることになったのは、ラッキーだった。

九月一日がロウレルと過ごす最後の日となった。ロウレルは、十二センチ、百一グラムにまで大きくなっていた。ぼくは、ロウレルの成長の記ろくを、一枚の紙にまとめることにした。メインは写真で、日にちや大きさも書いてわかりやすく工夫した。ミスターJにロウレルを返す時に、見てもらいたいなと思ったからだ。来た時はこんなに小さかったのかと、改めて自分でも三か月間の成長ぶりにおどろいた。そして同時に、もう明日からは家にいないんだというさみしさも込み上げてきた。

　四年生になって初めての登校日、ぼくはまたロウレルといっしょに、スクールバスに乗った。一年生になって同じ学校に通うようになった弟もいっしょだ。学校に着くと、ミスターJが笑顔で待っていてくれた。ぶじに返すという責任が果たせてよかった。

　コロナのせいで、大好きなおじいちゃんやおばあちゃんの待つ日本には帰れなかったけれど、その代わりに、ペットをかってみたいというぼくのねがいがかなった特別な夏休みになったことはとてもうれしかった。ロウレルを通じて、生き物をかう楽しさ、毎日のお世話の大へんさ、命を預かる責任の重さなどをぼくは学んだ。ロウレルと過ごすことが出来たこの特別な夏休みを、ぼくは絶対に忘れない。

『父とわたしの茶わんむし』

韓国・ブンダン日本語補習授業校（大韓民国）小四　荒木亜凛（あらき ありん）
（海外滞在年数十年）

　母のたん生日の朝のことです。この日はわたしがとても楽しみにしていた日です。三日前から、母に内しょで、父といっしょに朝食を作る計画を立てていました。父は、朝早く起きて料理を始めています。

　かん国では、たん生日の朝食にわかめスープを食べる習かんがあります。わたしの父はかん国人で、毎年母のたん生日には、父が朝食を作ります。

「今年は、お母さんがコロナで日本に二年も帰ることができていないから、日本式の朝食を作って日本に行ったような気分にさせてあげよう。お母さんには内しょだよ。」

と父が言いました。

　当日の朝早くから、父はあせを流しながら茶わんむしを作っています。わたしも手伝おうと思い、シンク台で手を洗おうと水を出したしゅん間、

「何やってるんだ。早く水を止めなさい。」

という父の大きな声に、びくっとしました。あわてて水を止めて下を見たら、父が一生けん命作っていた茶わんむしのだし汁の中に、水をザーッと流して入れてしまっ

ていました。わたしは、おこられると思ってうつむきました。

「また最初からやり直さないといけないだろう。早く洗面所へ行って手を洗いなさい。」

と父が早口でおこった声で言いました。そこまで強くおこらなくてもいいのに、と思いながら手を洗いに洗面所へ向かうと、

「はあ。もう、これどうしよう。」

と父のなやんでいる声やため息が聞こえてきます。わたしは、父のじゃまをしないように自分の部屋に行きました。

しばらくして父によばれ、料理をならべるのを手伝いました。茶わんむしの味がうすかったらどうしようと考えていると、父が、

「茶わんむしの味がうすかったら、ありんのせいだよ。」

とからかって言ってきたので、わたしはぎくりとしました。おそるおそる父の顔を見たら笑っていたので、機げんが直ってよかったなと安心しました。茶わんむしの味は、ほっぺたが落ちそうなくらいおいしかったです。父はだし汁を作り直したそうです。わたしのせいで作り直しになってしまって、悪いことをしたなと思いました。母はおいしいと言っておかわりをしました。わたしは、母がおいしく食べてくれてよかったと思いました。

一週間後、今度はわたしが茶わんむしを作りたいと思い、母に作ってもいいか聞きました。すると母が、

「日本のおばあちゃんの味の茶わんむしが食べたいな。」

と言ったので、わたしは日本の祖母に電話をして茶わんむしのレシピを教えてもらうことにしました。祖母は、

「ありんちゃんが作るの。がんばってね。」

と言ってくれました。祖母のレシピはとり肉を入れるそうです。父の茶わんむしには、とり肉が入っていなかったのでちょっと不安でした。父が作った茶わんむしがとてもおいしかったからです。でもわたしは、祖母をしんじました。

レシピのメモを見ながら作り始めたけれど、だし汁を入れわすれてしまったことにと中で気づきました。また最初からやり直しをしなければいけないと思い、面どうくさくなり、やる気がなくなってしまいました。その時わたしは、父の茶わんむしのだし汁に水を入れてしまったことを思い出しました。あの時、わたしがだし汁に水を入れてしまって、父がどんなにショックだったのかが分かりました。父はその後だし汁を作り直し、茶わんむしをかん成させて、母がおいしいとおかわりまでしていたことも思い出しました。わたしも、やり直したら母が

おいしく食べてくれるだろうなと考えたら、やり直す力がわいてきました。たまごの部分から作り直し、やっとかん成させることができました。成こうしたかどうか、食べるまでドキドキしました。母は、一口食べて目を閉じて、

「わあ、日本のおばあちゃんの味だ。なつかしい。」

と幸せそうに言いました。わたしは、その言葉を聞いてうれしくて、ほっとしました。父は、目を大きくして
「お父さんが作った茶わんむしより、ありんの方がもっとおいしいよ。」

とほめてくれたので、がんばってよかったなと思いました。

　料理は、人を笑顔にして幸せを作るものです。料理を食べた人の笑顔を見たしゅん間、作ったわたしも幸せな気持ちになります。わたしは、まわりの人の思い出の味を聞いて、レシピを調べ、料理を作ってみんなを笑顔にしたいです。今度は、父の思い出の味、かん国の祖母のきゅうりキムチにちょう戦します。

『チャレッタじゃないけれど』

韓国・ブンダン日本語補習授業校（大韓民国）小四　呉本（くれもと）慧俐（へり）
（海外滞在年数九年八カ月）

「アイゴー、チャレッタ、チャレッタ。」

　またやってしまった。これで何度だろう。またしても水をこぼしてしまった。するとまたなれた口調でお父さんは「チャレッタ」とため息をつきながら言った。お母さんは、

「チャレッタじゃないでしょ。」

と、口をとがらせてお父さんに言った。私の家でよくあるやり取りだ。

「チャレッタ」とは、「チャル＝良く」と「ヘッタ＝やった」を合わせて「良くやった、上手だ。」という意味だ。ほめる時によく使う。でも私のお父さんは、私が失敗した時や、何かやらかした時にこう言う。だから私も、

「チャレッタじゃないのにな。」

と心の中で思う。

　去年、コロナウィルスの大流行で学校が休みだった間、私は家事をたくさん手伝った。お母さんのおなかに赤ちゃんがいたからだ。

　ある日、お母さんがしん室で横になっている時、お父

さんと私は料理をしていた。もりつけをしようときれいなお皿を取ろうとしたら、うっかり手をすべらせてお皿を落としてわってしまった。それはまだ二回しか使っていない、お母さんのお気に入りのお皿だった。

私は泣きそうだった。びっくりしたのと、お母さんに悪いことをしてしまったと思う気持ちでなみだが出そうだった。その様子を横で見ていたお父さんに、おこられる！　と思い頭をたれてうつむいた。でもお父さんはおこらずに、

「チャレッタ、チャレッタ。ケンチャナ。」

と言ってくれた。「チャレッタ」ではないけれど、お父さんのその言葉がむねにしみてまた泣きそうになった。私の不安だった気持ちも落ち着いた。われた音を聞いて起きて来たお母さんも

「大じょう夫？　けがはない？」

と言ってくれた。

今までも私がお店で飲み物のビンをわって散らかしてしまった時も、弟がおばあちゃんの家でおねしょをしてしまった時も、お母さんが車にきずをつけて帰って来た時も、お父さんは

「チャレッタ。」

と言って、なぐさめてくれた。

今考えると、お父さんの「チャレッタ」は大じょう夫という意味なのだと思う。お父さんも本当はおこりたいのかもしれない。けれど、おこらずに「チャレッタ」といってくれるのは、お父さんのやさしさなのだろう。

私は今十才だ。これから先、たくさん失敗をして泣きそうになることもあるだろうが、その度にお父さんのこの一言で安心し元気をとりもどすことができるだろう。

「チャレッタ、チャレッタ。」

『カタツムリが教えてくれたこと』

トロント補習授業校（カナダ）小四　手嶋（てしま）華菜（かな）
（海外滞在年数一年）

「このカタツムリ、からがやどかりみたいに立体になっているよ。」

と、お姉ちゃんが言ってわたしの手に乗せてくれました。

「かわいい。」

思わずわたしは言いました。

わたしは、今カナダでカタツムリを育てています。最初は、四月三十日学校へ通学すると中の道でこのように五ひきひろいました。

わたしの住んでいるトロントの近くの街は、四月の終わりまで雪がふっていましたが、五月に入り少しずつあたたかい日もふえてきました。雪が雨に変わり、しとしと雨が続く日になりました。マイナス十度の日から次の日が十六度の日になったときはおどろきました。

ひろったカタツムリをよく見ると、からが直径二センチくらいで日本のカタツムリの半分ほどの大きさです。形はまるでチョコレートコルネパンのようでおいしそう。色は、茶色とベージュがぐるぐる右まきにまざり合っています。わたしは、カナダに来る前に日本でカタツムリを育てて、たまごから生まれてきた赤ちゃんカタツムリを思い出しました。

「家でかってみようよ。」

わたしは、おねえちゃんに相だんしました。

「このカタツムリは何を食べるのかな。」

と、お姉ちゃんもさん成してくれた様子です。いっしょに付きそって歩いて来てくれていたお母さんにカタツムリをあずけました。

学校から帰ると、お父さんが

「地下に日本から持って来た虫カゴがあるよ。」

と、虫カゴをさがして出してくれました。わたしは、さっそくこの虫カゴでカタツムリをかうことにしました。

まず、カゴの下に少し土を入れました。レタスとほうれん草を土の上にのせました。さらに、にんじんもあげました。カタツムリを入れると、うれしそうに葉の上をはっています。かべをよじ登るカタツムリもいます。みんな自由な動きをしています。カタツムリを下から見ると波のようにぐねぐねはって、体をすべらしてい動します。人間は足で歩くけど、なん体動物はおもしろい足のような体で進みます。

次の日も雨上がりの日で小さなカタツムリが道をはっています。時どき白っぽいからのカタツムリと茶色のからのカタツムリがくっつき合っていたのでそのままにしてあげて、一ぴきではっていた五ひきをひろいました。またその次の日も七ひき拾いました。さらに土曜日のトロントほ習授業校へ行くと中のちゅう車場でも二ひき拾いました。こうして拾い続けているうちに、数は大きいサイズが二十五ひきほど、小さいチョコレートコルネパンみたいのは七ひきにふえました。

毎日えさを交かんしていると気づきました。ニンジンは皮がかたいのでよけてやわらかい部分を食べます。レタスも大好きでたく山あながあきます。ホウレン草は予想よりあまり食べないです。雨が大好きなので雨の日は虫カゴを外に出してあげます。天気の日が続く時は、どうしようかと思っていたら、お姉ちゃんがおもしろいしくみを考えついたようで

「これでいつもしめっているよ。」

と、お姉ちゃんはカゴの横に水をためておいてそこにふきんを入れて、カゴの中に水分がうつるようにしてくれました。カタツムリはいつもかいてきに生活できるようになりました。

そうしているうちに一か月半たちました。

「今日もえさをあげよう。」

と、わたしはガレージに行きました。するとおどろくことにたくさんの直径一ミリの白色のツルツルしたツブのたまごが生まれていました。葉の上、土の上や中、とってもいっぱい。百こ以上ありました。

「そうだったんだ、たまごを生んでたんだ。」

わたしは、最近のカタツムリがいつもいたカゴの上から土の上あたりに下りていることに気がついていました。カタツムリは、オスとメスを両方かねそなえていることを日本のカタツムリが教えてくれたことをふたたび思い出しました。カナダのカタツムリは日本のカタツムリの半分くらいの大きさだけど、たまごの大きさは同じくらいです。

いつの間にか、長い雪の季節から春になりカタツムリが家にやって来て、ブルーシェイが空を飛び、川には魚が泳ぎ、リスや野うさぎがしばふをかけ回るようになりました。メープルの木はやわらかな若葉がゆれています。

わたしは、これからも大好きな自然の中でいっぱい遊びたいです。自然のお友達となか良くしたいです。そして、カナダのことを愛していきたいです。このたまごから生まれてくる赤ちゃんカタツムリが楽しみです。わたしは、土の上に出ているたまごをそっと土の中へうめてあげました。温かい土の中で大きく育ちますようにとねがいをこめて。

『インターでの一年』

個人応募（シンガポール在住）小五　河野淳之介（こうのじゅんのすけ）
（海外滞在年数一年）

ぼくは、去年の七月からシンガポールのインターナショナルスクール（インター）に転校しました。海外で一年間生活してわかったことは、英語も大事だけれども、勇気を出して自分から動くということが一番大切だということです。

まだ一年間だけですが、シンガポールのインターに転校してからずいぶんといろいろなことを体験したと思います。

「家族でシンガポールにいくよ」とお父さんから言われたときにまっさきに思ったのは、「プールで遊べる！」ということと「新しい友達をつくれるかもしれない」ということでした。日本の友達とわかれるのはさびしかったし不安があったけれど、新しい友達ができることは楽しみでした。どちらかというと楽しみの方が大きかったです。「友達をつくるには英語を話せないといけない」と思い、この日から英語に力を入れようと決意しました。

ぼくは英語に少し自信がありました。前からお母さんに教えてもらっていたし、英検にも合格していたからです。こうしてシンガポールでのインターでの生活が始まりました。

でもぼくの思ったようにはいきませんでした。英語の勉強というと単語や文法が大事だと思っていました。でも実際には、英語をつかって話ができないと、誰もぼくの話を聞いてくれません。友達がつくれなくてぼくだけ昼休みに日本から持ってきた本を読んでいました。「こんなことならシンガポールに来るんじゃなかった。日本の学校に帰りたいな」と何度も思いました。

そんなある日、学校の体育の時間でマラソン大会がありました。この時ぼくは、「ここでがんばったら、何か変わるかもしれない」という気持ちになりました。足の速さには少し自信がありました。ぼくは日本の学校ではリレーの選手だったからです。そしてそのマラソン大会で一番足が速かったのがぼくでした。そして走り終わった後に、クラスメイトの四人が近づいてきました。何かと思ったら「足速いね。今後昼休みにサッカーやろうよ」と言われました。「ＯＫ」と普通に答えましたが、心の中は「やったー！」という気持ちでした。そして昼休みにサッカーをすると大活やくしてしまいました。

それからの昼休みは、毎日サッカーをやっています。そしていつの間にか、一人で本を読んでいたのがうそのようです。友達とは、フォートナイトの話、音楽の話、好きなサッカーチームの話をします。外国の音楽は聞いたことがなかったけれど、みんながラップとかのかっこいい曲を教えてくれます。少し大人になったような気持ちになりました。ぼくも日本の曲や人気のあるユーチューバーの動画を教えてあげました。

英語は、まだ自分の思ったことの半分くらいしか言えません。でも友達ができてからもっと上手になりたいと思いました。

しかし、いいことだけではありませんでした。ある日、新しくできた友達とけんかになってしまいました。その時、「きみの英語は下手だから何を言っているのか、わからないんだよ！」と言われてしまいました。ぼくは、「こんなにがんばっているのになんてひどいことを言うんだ」と悲しくなって毎日のサッカーにも参加しませんでした。学校の先生は、カウンセラーとの面接をやるからそこで話そうと言ってくれました。家に帰ってからもずっとかなしくて、「もう学校には行きたくない」とお母さんに言いました。次の日に、学校に行ってもその友達とは口をききませんでした。でもその週末に、オンラインのゲームを一緒にしようというメールがとどきました。勇気を出してさそってくれたのがわかったので、うれしかったです。もちろんカウンセラーとの面接はやめにしました。心配していたお父さんには「子供は自然になかなおりするものだよ」と言ったら安心していました。その友達とは、何もなかったように次の日からふつうに話をしているし、前よりも少しだけ仲良くなりました。

その後は、テストに合格してＥＬＬという初心者むけの英語のクラスを卒業しました。英語もスムーズに言えるようになってきました。でもせっかくなれてきたのに夏休みの後にはクラスがえがあるようです。「仲良くなった友達と別のクラスになるのはいやだな」と残念に思いました。でも「一年前にシンガポールに来た時に一人も友達がいなかったんだ」と思いなおしました。クラスには英語をうまく話せない人もいると思います。去年のぼくがそうだったので、そういう人にも自分から声をかけるように動きたいと思っています。そしてこれからもっと英語を勉強していろいろな話を友達とできたらきっと楽しいインター生活になると思いました。

『僕が政治家になったら』

コロンボ日本人学校（スリランカ）小五　村上友悠
（海外滞在年数一年三カ月）

僕には一つの夢があります。それは、政治家になりたいということです。

僕は今、スリランカの最大都市「コロンボ」にあるコロンボ日本人学校に通っています。スリランカには小学校四年生になった頃に来ました。それまでは一度も海外で生活したことがありません。

日本にいた時にはあまり感じていませんでしたが、日本はとても平和で、礼ぎとか、お店のサービスとかがすごくしっかりとしています。食べ物も美味しいし、生活に不自由を感じたことはあまりありませんでした。

今いるスリランカは、そんな日本の状況とは全くちがっていて、とてもひどい状態が続き、さらに状況は悪い方に動いているように思います。スリランカに来た最初の一年はごくふ通の生活ができていました。買い物はふ通にでき、野菜や調味料などもスーパーで買うことができたし、ねだんもそんなに高くはありませんでした。急に今年「二〇二二年」に入ると物価が上昇してきました。今年から、スリランカの経済がはたんし、何もかもが高くなり、例えば、野菜が去年は八十ルピーくらいでしたが、今は百ルピーくらいになりました。スリランカ通貨ルピーは、一ルピー日本円で、〇.四円弱になり、一USドル三百五十ルピーくらいになりました。それによってガソリンが足りなくなり、去年はふ通にガソリンを入れられましたが、今では、行列ができ、何時間も待たないと入れられない状況になりました。ガソリンを運んでいるタンカーも港でお金が払えないので、止まっていることもありました。日本ではまず、考えのつかないことです。また、いつもパワーカット（計画停電）も続いています。一日だいたい二、三時間の停電があるようで、一番長い時には八時間も電気が止まりました。僕が住んでいるところには発電機があるのですぐに復旧しますが、こちらに住んでいる人たちの家は長い停電が続きます。僕は日本で一回だけ停電を経験したことがあります。でも、その時は地震が原因でした。だからパワーカットで停電ということは初めての経験でした。

このような状況なので、ふ通に生活をすることはできません。できるだけガソリンや電気を使わないように生活しています。例えば、ガソリンを無だにしたくないので、なるべく車を使わずにいたり、電気を無だにしないために、こまめに電気を消したりするなどして節電をしています。日本では、このようなことは、なかったので最初はおどろきました。今ではこのことがふ通だと思い始めました。正直言うと、こんな生活はいやで早く日本に帰りたいって思います。だけど、逆に考えると、とても貴重な体験だとも思います。

もう一つ、僕がスリランカで経験したことがあります。それは、デモのことです。物の値段が高くなったり、燃料が不足したりしたことによって、政府反対派と政府支持派に分かれ、国内各地でデモがひんぱんに起こるようになりました。一回だけ僕の家の前まで反対派がおしよせたことがありました。家の近くの湖に支持派のバス・車が落とされたり燃やされたりしました。また、支持派の国会議員、市長の家などが放火されたり、旧国会議事堂（今の大統領府）前でのデモでは、催涙弾を放ち、放水がされたり、暴動がおきました。また、ランブッカナという町では、警察による銃の発砲がありました。このような話はテレビ画面の中だけのことだと思っていたけれど、それが実際に僕の目の前で起こっているのです。その光景はきっと一生目に焼き付いていると思います。僕はあと二年スリランカにいる予定なので、この国にいる間に以前の平和な国になってほしいです。

このような貴重な経験を通して、感じたことは、「このような状況を変えられるのは、政治家だ」ということでした。今のスリランカの混乱を招いたのは、スリランカの政治が悪いと聞いています。ですがまだ詳しいことはわからないけど、政治によってこんなに生活が大変なことになるということにおどろきました。

日本はとっても平和な国で、食べ物が無くなったり、ガソリンを買うのに何時間も並んだりすることはありません。でも、それは当たり前のことではありません。しかし、今の生活をしてみて思ったことは、政治家の人たちがもっと頑張ったら、国は豊かになってより良い生活ができるような気がしました。だから、僕は政治家になって日本をより良い国にしていきたいと考えるようになりました。それだけではありません。日本のその平和や安全を世界に広げていきたいです。今暮らしているスリランカはとても美しい国だし、やさしい人たちもたくさんいます。だから、この国が以前のように戻れるように、手助けができる人になりたいです。

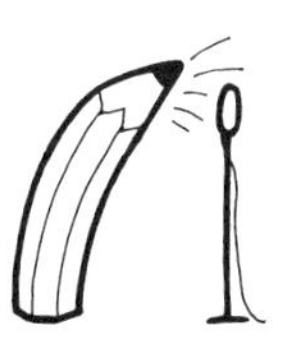

『コロナかの再会』

ダービーシャー補習授業校（イギリス）小五　田畑凜乃介（海外滞在年数三年）

今日は待ちに待ったおばあちゃんとの再会の日。お母さんからおばあちゃんがイギリスに会いに来ると聞いた時からこの日を楽しみにしていました。

ぼくは、物心がついた時からおばあちゃんといっしょに出かけたり、おばあちゃんの家にとまったり、おいしい物を食べに行ったり、旅行に行ったり、おもしろいことを言い合ったりなどたくさんの思い出があります。そんなやさしくて友達のようなおばあちゃんが遠くはなれた日本からはるばるイギリスに会いに来てくれることになったのです。ぼくはイギリスに来て三年ぐらいになりますが、コロナのえいきょうもあってイギリスに来てから一度も日本にもどっていなくて大好きなおばあちゃんにずっと会っていませんでした。

いよいよ待ちに待ったとう着の時間。おばあちゃんと再会したときにどんな言葉やギャグを言おうか考えていると、なんととう着出口から見覚えのある男の人が出てきました。

すぐさまお父さんと顔を見あわせて、

「あの人、ユーチューバーやんな？」

と同時に言いました。いそいでコーヒーショップにいるお母さんをよびに行きました。なぜなら、お母さんはそのユーチューバーの大ファンだからです。お母さんはおばあちゃんをむかえることなく何とユーチューバーを追っかけて行きました。そうしているうちにアジアの人たちが出てきておばあちゃんを見のがさないようにぼくとお父さんは必死でした。やっとぼくがおばあちゃんらしき人を見つけたのでかけよって行きました。ぼくはハプニングがあまりにあって、おばあちゃんにかける言葉をすっかりわすれてしまいました。おばあちゃんに、

「あれっ、お母さんは？」

と聞かれたので、これまでの流れを話しましたがおばあちゃんはユーチューバーの人とすでに会っていたようでした。それからお母さんの行った方向を見まわしたら、ユーチューバーの人と話をしていました。そこへおばあちゃんも興ふんしてかけよって行き、写真をとってもらっていました。その後、ぼくと写真をとるのをわすれていたのにおばあちゃんが気がついて、みんなで大笑いしました。ぼくのお父さんは、

「ユーチューバーに感動の再会を持っていかれたな。」

と言いました。それからやっと三年ぶりのおばあちゃんとの会話が始まりました。

おばあちゃんはぼくを見て、

「大きくなったね。」

と言いました。ぼくはぎゃくにおばあちゃんがとても小さく感じました。それからぼくたちは車に乗って家に帰りました。家に帰るとおばあちゃんが大きなスーツケースを開けると大量のおかしやおもちゃが入っていました。ぼくはその大量のおかしを見てテンションがあがりました。そんなぼくを見ておばあちゃんは、

「そんなによろこんでくれるのならたくさんスーツケースに詰めてきてよかったぁ。」

とうれしそうにしていました。

今回、おばあちゃんは一か月ぐらいイギリスにいて、ぼくたちといっしょに生活をします。ぼくたちはおばあちゃんのためにたくさんの計画をしています。最初はコッツウォルズに行って、その後バルセロナにも行くよていです。おばあちゃんにはイギリスでぼくたちとの思い出をたくさん作ってほしいです。そして、次はぼくたちが日本に行っておばあちゃんと楽しい日々をすごしたいです。

『三人家族より四人家族』

コロンバス（ＯＨ）補習授業校（オハイオ州）小五　横手（よこて）　杏（あん）　シンシア
（海外滞在年数九年十カ月）

わたしはアメリカのオハイオで生まれました。わたしの家族がアメリカに来た時、わたしはまだ生まれていなかったのでお父さん、お母さん、お兄ちゃんの三人家族でした。そして一年後にわたしが生まれ、四人家族になったのです。家族はアメリカでくらしてもうすぐ十三年です。でも今年四月にお兄ちゃんが先に日本に帰ってしまいました。お兄ちゃんは日本の高校に合格し、日本に行くことを選びました。

お兄ちゃんは日本へ行くことをとても楽しみにしていたけれども、アメリカの最後の日にとても悲しい顔をしていました。お兄ちゃんを日本へ送りに、家族みんなで一時帰国しました。そしてコロンバス空港でフライトに乗って出発する時にお母さんは泣いてしまいました。

日本に着いた後、お母さんとお兄ちゃんはいっぱい時

間をいっしょに過ごしました。わたしも空いている時間にはいっしょに遊びました。そして学校のりょうに入る日には、わたしも泣きました。お兄ちゃんに
「さようなら。」

と言い、お別れしました。

　アメリカのお家にもどった時、家の中がとても静かでした。お兄ちゃんの部屋はからっぽでした。今までお兄ちゃんの部屋はいつも散らかっていたので、本当にいなくなったんだとまた泣きそうになりました。お母さんは悲しそうに言いました。

「また三人家族になってしまったね。」

そして思いました。お兄ちゃんとはケンカをたくさんしたけれども、いっしょにいた方がやっぱり楽しいです。そしてお母さんにおこられた時にわたしをなぐさめてくれるお兄ちゃんがもういません。三人家族より四人家族の方がとても楽しいです。一人だけの子どもなので他に話すあい手がいなくてさみしいです。

　お兄ちゃんは夏休みに少しだけ帰ってきます。もう少しで会えます。会ったらいっぱいいっしょに遊びたいです。とても楽しみです。

『あたたかい香港』

香港日本人学校大埔校（中華人民共和国）小五　竹下絵梨（たけしたえり）
（海外滞在年数十年十カ月）

　私は香港に10年住んでいます。様々な国の人達が香港でくらしています。外国人になれているので、香港人は気さくで話しやすいです。そして香港人は人情があると思います。私は今まで何度も香港人に助けられました。

　例えば、街市の食堂で相席で座った時の事。注文をしたとき、広東語で聞かれてこまってしまいました。すると、向かいの席のおじさんとおばさんが私とお母さんに英語で話しかけてきました。ポークを食べたいのかチキンを食べたいのかときかれました。最初に私たちはポークを頼むつもりでしたが、おじさんが両方頼めると教えてくれたので、両方頼みました。次にめんの種類も教えてくれました。私はおじさんが食べてる白いお米のめんがおいしそうだなと思ったのでそのめんを注文しました。待っている間、私たちは10年香港に住んでいるけれど日本語や英語しか話さないので、広東語を話す機会が少ないとおじさんとおばさんに伝えました。それから注

文しためんがきて私達も食べました。めんがとてもおいしかったのでお母さんが広東語で「ホウメイ。」と言いました。おじさん達はニコニコと笑いながら「おいしいけど高い。」と日本語で答えました。その時、私はみんなで楽しく食べられてうれしいなと思いました。そしてめんがより一そうおいしく感じました。それからしばらくして、おばさんが席をはずしました。私はおばさんがさきに出ていくのかなと思いました。お母さんといっしょにめんを食べていると、おばさんがもどってきました。おばさんが手に何かのふくろを持っていました。そしてそのふくろを私たちにくれました。中を見ると黒い平らなおかしがありました。おばさんは「これは香港の有名なおかしですよ。」といいました。おじさんは「これはブラックセサミだ。健康に良くておはだにいいよ。」といいました。そして「見た目は悪いけど味はおいしいよ。」と言いました。それを聞いて私とお母さんはお礼を言いました。その後おじさんとおばさんは席を立って「さようなら」「元気でね」と言いました。

　このように心が温かくなる出来事が香港にはたくさんあります。なぜなら香港の人はみんな人情があるからだと思います。私も香港の人たちのように、いろんな国の人と仲良くなりたいです。そして、どんな人にでもやさしくしたいです。

『ぼくに起こった大事件』

ニューデリー日本人学校（インド）小六　三浦颯太（みうらそうた）
（海外滞在年数三年十カ月）

　ぼくは、四年前にインドに引っこして来ました。その時、ぼくが想像していたインドとは、全く違っていてとてもおどろきました。環境や町並みは、日本とは、全く違いました。町にはショッピングモールなどのきれいな所や、建物がある場所と、ゴミなどが落ちていて決してきれいだとは言えないマーケットなどの差が、激しいこと。夏はとにかく暑くて、昼間は外に長時間は出られないこと。空気が汚れていて遠くの景色が高い場所からも見えないこと。水道の水は直接飲むことができず、浄水器を通した水か、ペットボトルの水を飲むことです。

　最近、日本では起こったことがない事件が起こりました。

五月に大雨が降りました。道路が水で見えなくなるほどのひどい雨でした。関係があるかはわかりません。しかしその後、ぼくはお腹をこわしてしまいました。インドでお腹をこわすことは、そこまでめずらしくなかったので、食べたものが悪かったのかなと思いました。PCR検査がいん性だったので、それほど心配せず、早く治るといいなとのんびりしていました。すると、アパートに住んでいるたくさんの人がお腹をこわしていることがわかり、最終的には、水質検査や、お医者さんがみんなをしん察することになりました。インドの新聞にものった大事件です。検査の結果、使われている水にたくさんの大腸きんというバイキンがいることがわかりました。安全な水が使えているというぼくにとって当たり前だったことが当たり前ではなくなってしまいました。それをきっかけにもしかすると世界にはぼくと同じ目に合った人がいるかもしれないと考えました。インドよりも水の環境が悪く生活に不便な国があるのかもしれない。そう思って本で調べてみました。

世界の人口の七十一%は、安全な飲み水を利用できているけれど、二十九%、約二十二億人が安全な水を飲めていないということです。(安全な水とは汚染されていない水源から得られる自宅で利用できる、または、自宅から往復三十分以内でくんでくることができる飲み水のことを指します。)最下位の国は、アフリカのチャドという国で全人口の三十九%しか安全な水を飲めていないということです。※日本とトイレ目標6(SDGsのきほん未来のための十七の目標六ポプラ社より。)

予想していたよりもインドは安全な水を飲める割合が、少なくありませんでした。なんと全人口の九十%から九十九%が安全な水を飲めていました。国土が広くて人口が多い国ですが、想像以上に安全な水を飲めていることがわかりました。結局、ぼくのアパートでは浅くほった地下水にきんが発生したことがわかりました。政府の水だけでは、供給が追いつかないので、もっと深い場所の地下水を混ぜて、タンクとパイプをきれいにして使えるようにしました。今は定期的に、アパートの管理会社と住民で水質チェックをしています。

日本についても調べました。ぼくの住んでいた町で使っている水を供給している相賀浄水場です。そこでは、七つの設備を使って、バイキンを消すための塩素消毒をして、どろや、細かいゴミをなくす作業をしています。何度も何度も消毒や、どろ、ゴミを取り除くろ過の作業をして、最後きれいになった水を何回も検査をして、安全な水であることを確かめた後、送水管を通ってぼくの家に運ばれてきます。もちろんその間でいくつもの給水せん水のチェックをしていきます。アパートやビルのタンクも水道の法律で定期検査と対応が義務になっています。そうしてじゃ口からひねった水を飲んだり、野菜を洗ったり、お風呂に入ったりできます。

　インドに暮らす前は、日本の安全な生活が当たり前だと思ってしまいます。当たり前ではないと言われても、当たり前でないことを想像できませんでした。だけど、ぼくは、今回気づくチャンスがありました。特に水については知るチャンス、考えるチャンスがありました。身に起こったことを通して、調べて、ＳＤＧｓが身近にある問題だとわかりました。二〇三〇年までに、安全な水とトイレを全世界の共通目標とすること、これは、日本人の当たり前が世界、みんなの当たり前になることです。ぼくにすぐ出来ることは、水をむだにしないこと位かもしれない。だけどそれ以外に役に立てること、出来ることを考えていきたいと思いました。ぼくは、すぐには、安全な水を飲めない人を助けることはできません。ただ今回の事を知って終わるだけではいけないと思います。将来、問題を解決するために役に立つこと、出来ることを考えていきたいです。

『アメリカで拳銃パートⅡ』

ダラス補習授業校（テキサス州）小六　吉見（よしみ）康希（こうき）
（海外滞在年数十一年九カ月）

　僕は、四年前の海外子女文芸作品コンクールに、「アメリカでけんじゅう」という題の作文を応募しました。今回、同じ題名にパートⅡと付けたのは、四年前に僕が感じた拳銃の問題について、その後も何も変化がなく、つい最近もテキサス州で銃撃事件が起こったことで、もう一度拳銃について考えてみたいと思ったからです。

　四年前、僕たち家族は、平和な街カリフォルニア州サンディエゴから、テキサス州ダラスに引っ越してきました。サンディエゴでは、友だち家族のほとんどが、拳銃やライフルを持っていなく、よく買い物に行くお店にも売っていませんでした。しかし、ここダラスでは、多くの友だち家族が、拳銃やライフルを持っていて、よく買い物に行くお店でも売られているのを見かけます。このことから、同じアメリカでも住む場所が違うと、こんなにも価値観が違うものかと驚きました。ダラスでは、拳銃がとても身近なもので、拳銃によるニュースをよく耳にします。

二〇二〇年三月、現地校の春休みが終わる前日に、学校から「新型コロナウイルスが流行したためにしばらくお休みです。」というお知らせが届きました。初め僕は、「すぐに流行は終わるだろう」と、思っていました。しかし、未知のウイルスだったため、ワクチンや薬がなく、あっという間に全世界に広まっていきました。そして、僕が生きてきた中で、体験したことない生活になってしまいました。まさに、家から一歩も出ない生活になり、次第に人々の行動がおかしくなり始め、拳銃による事件が多発しました。この頃から、徐々にお店から拳銃が消えていきました。なぜなら、自分の命を守るために、拳銃を購入しようと考える人々が、お店に殺到したからです。しかし、人々の生活が元に戻りつつある今、品薄だった拳銃も、以前のように購入できるようになりました。テキサス州では、お店で身分証明書を出し、住所と電話番号を書いたら、十八歳から拳銃を無制限に購入することができます。

つい最近では、五月二十四日に、テキサス州の小学校で、またまた銃乱射事件が起こりました。この事件の犯人は、十八歳の誕生日に拳銃やライフルなどを購入していました。学校内銃撃事件としては、犠牲者が最多数の二十一人にのぼり、幼い子どもたちや教師の命がうばわれました。僕はこのニュースを知り、とても悲しくなりました。もし、僕が通う小学校で同じことが起きたら、「どうしたらいいのか?」と、深く考えてしまいます。

結局この四年間では、拳銃による事件は全くと言っていいほど減らず、新型コロナウイルスの影響もあって、銃撃事件が増えています。完全に拳銃をなくすことはできないと思いますが、まず、拳銃を売ることを止めれば、徐々にでも、銃撃事件を減らすことは出来ると、僕は思います。しかし、その一方で、銃撃事件に立ち向かうには、同じく拳銃が必須だとも思うので、拳銃の必要性も感じています。この問題は、すぐには解決しないと思いますが、少しでも何の罪もなく、ただ優しい人々が犠牲にならないよう、拳銃の規制が必要だと思います。これからも、みんなで、この問題について考えていきたいと思っています。

『平等への長い道のり』

ウェールズ補習授業校（イギリス）小六　泉原　彩
（海外滞在年数十一年六カ月）

エドワード・コルストンの像が川に投げすてられた事を、あなたはどう思いますか？

ジョージ・フロイドが殺された六週間後の二〇二〇年六月七日に、私の住んでいる町のブリストルで、コルストンの像が川に投げすてられました。長い間の人種差別や不平等のせいでたくさんの人がおこっています。その日は、ブリストルのシティセンターに一万人の人が集まりました。像は首や足にロープがかけられて、ずるずるとハーバーまでひきずられました。

コルストンの像がなくなった後の場所に、五百五十ものプラカードが残され、そのプラカードには、「レイシズムはパンデミック」とか、「ＢＬＭ」「ちんもくはぼう力」などが書かれていました。四日後に、像は川から引き上げられて、とりあえずどうするのかが決まるまで、Ｍシェッドという博物館の倉庫に入れておくことになりました。

ブリストルは、大西洋どれい貿易の真中にありました。コルストンは、イギリスの商人でどれいの取り引きをしていました。一六八〇年に王立アフリカ会社に入ってどれいの売買をしてたくさんお金をもうけました。コルストンは国会議員になってどれい貿易を合法化したので、当時は法りつをやぶっているわけではありませんでした。そして、ブリストルの学校や病院などにたくさんの寄付をしたので、コルストンの名前はいくつもの通りやランドマークにつけられました。でもこれは三百年以上前のことです。ではなぜ今？　今こんなに大きな問題になってしまったのでしょう？

わたしの通う現地校のクラスで、コルストンの像をミュージアムに展示するかこわすかのディベートをしました。二つの立場で議ろんしました。ブリストルで一九六三年にバスボイコットがあったことも習いました。白人以外はバスの運転手やコンダクターになれなくて、学生がボイコットをしました。その時は白人以外でも仕事につけるようになったけど、レイシズムや不平等は社会からなくなりませんでした。

ディベートでは、たくさんの意見が出てもり上がったけど、自分が賛成できない立場の時はむずかしかったです。例えば、「こわした方がいい」という立場の時は、本当はそう思っていないのに、「悪い事をした人だから、かざる必要はない。」と言いました。他にも、もっと早く取りのぞいた方がよかったが、合法的にやるべきだったという意見もありました。わたしは、ミュージアムに展示した方がいいと思います。なぜなら、ブリストルの長い歴史やコルストンの像がなぜ川に投げすてられたのかの理由をみんなに知らせるべきだと思うからです。

今週火曜日の放課後に、スクーターをこいでMシェッドに、コルストンの像を見に行きました。仮設の展示で、コルストンは落書きのスプレーがついたままねころんで展示されていました。台の上に立っていた時は権力にみちて、人を見下ろしていたけれど、横たわっていると今度はわたしが見下ろしていて、歴史上の重要人物には見えませんでした。ブリストルの市長は、白人と黒人のミックスの人です。コルストンの像を今後どうするのかは市長が決めるのではなくて、みんなで投票して決める事になりました。そのデモクラシーが平等につながるのだと思います。

Mシェッドに長い年表がありました。十七世紀から二〇二一年まで大事な出来事がたくさんあったけど、三百年の歴史の中で何かが変わり始めたのはこの数十年の事です。このコルストンの像をきっかけに、みんなにレイシズムや不平等について考えてもらいたいです。長い道のりも、もう最後のところに来ています。

『僕にできること』

ニューヨーク育英学園サンデースクール（ニュージャージー州）小六　ローズ　ジェイムン
（海外滞在年数十二年三カ月）

ロシア軍が罪のないウクライナ人を殺している。地下鉄でアジア人がおそわれた。今日、テキサスの学校で子供と先生が銃で殺された。僕の住むアメリカ、ニューヨーク州のニュースは悲しいことばかりだ。もしかすると世界各国のニュースも同じなのだろうか。

僕にはなぜ、こんな悲しいことばかり起こるのか理解ができない。ロシアとウクライナの戦争はこんな殺し合いをしなくても他に何か問題を解決できる方法はないのだろうか。コロナが発生したのが中国かもしれないというニュースにより、アジア人が暴力を受けるのはなぜなのだろうか。テキサスで銃を使って子供たちを撃ったのは18歳、まだ大人ではない若い人が、こんなふうに人を殺さなくてはならない人生になってしまったのは、どうしてなのだろうか。僕には考えても考えても答えをだすことができない。

そこで、今僕には何ができるだろうかと考えてみた。まだ子供の僕には戦争を止めさせることや、アジア人への差別をなくすこと、銃規制を強くすることはできないけど、小さなことを何か始めればそれがいつか世の中の平和につながるかもしれないと思った。

「人に優しくする。」

これが僕が出した答えだ。一人一人が僕と同じように人に優しさを与えることで、きっとその優しさが大きくなって人を傷つける気持ちをなくすことができるかもしれない。

「人に優しくするといってもどんなことをすればよいのか。」

と聞かれるかもしれない。それはどんな小さなことでも良いと思う。例えば、落としたものを拾ってあげたり、友達が悲しいときにそばにいてあげたり、困っている人を助けてあげたり。そうすると、優しくしてもらった人が今度は他の人に優しくしようという気持ちになると思う。

そこで、僕ができる小さなことを思いついた。僕の住むニューヨーク州ルーズベルト島には、お父さんとお母さんの仕事で日本からたくさん小さい子供達が来る。その子たちは、英語ができなくて現地の学校で友達や先生とコミュニケーションができなかったり、宿題ができなかったりと大変で泣いてしまうことがあるらしい。僕は幼稚園から育英学園に通っていて日本語と英語ができるので、このように困っている子たちを助けることができるかもしれない。チューターとして英語の宿題を日本語を使いながら教えてあげることで、その子たちは英語が少し分かるようになり、そして悲しい気持ちがなくなると思う。

まだ、思いついたばかりでいつできるか分からないけど、僕は残りの6年生の期間でたくさん日本語を勉強して、そして日本語で教えることができるように頑張ろうと思う。もし、僕が本当に困っている日本人の子供たちを助けることができたら、きっと、その子たちも誰かに優しくされた気持ちから、いつか誰かを助けてあげようと思うようになると思う。それをずっと続けることができれば、いつか世界は人を傷つけることを止めて平和になるかもしれない。

『ドイツのやじ文化』

デュッセルドルフ補習授業校（ドイツ）小六　金田早理菜（かねださりな）
（海外滞在年数十二年二カ月）

それは、日本から帰ってきて、フランクフルト空港へついた時のことです。私たちは入国審査を受けるために長い列にならびました。みな、つかれてイライラしていました。私たちの後ろにはちがう便で着いた家族づれがいて、何か指さしながら言い合っていました。どうやら入国審査のブースの前に誰もならんでいないことに気がついて、とつぜんその家族が列からはみ出てその空いているブースの方に向かって歩き出しました。ちょうどその時、空港の係の人がもどってきて、その家族を列にもどしました。けれどほかの人たちはおこりました。私たちの順番になり、ブースにいきました。その時、その家族が横入りをしようとしました。私のお母さんは、その家族にむかって、おこりました。家族のお父さんが、私たちのことについて、なにか変なことを言ってきました。その後私たちは荷物をとってから、車に乗り帰りました。車の中で私は、さきほど横入りしようとした家族について考えました。なぜ、ドイツには横入りする人が多いんだろう。そしてなぜ、悪いことをした人たちから私たちが変なことを言われないといけないのだろうかと、考えました。父に聞いてみると、

「ドイツにはいろんなバックグラウンドをもっている人がすんでいてその人たちは、それぞれ、ほかの考え方をもっているからね。」

と言いました。そして、ドイツの学校では、自分の意見を言わないと、良い成績が取れません。だから、ドイツ人はいつも、どんな状況の下でも自分の意見を主張しようとします。それは、大人であろうと子どもであろうと、そして男女のちがいなく、平等意見を言う機会を与えてくれる一方、主張ができない人はそんをしてしまうこともあると思います。

それでは、日本ではどうでしたでしょうか。私たちが羽田空港で荷物をあずけるために、カウンターの前に並ぼうとした時、やはり沢山の人がカウンターに集まりました。すると、すぐに係の人がきて、列を整理しながら手に持っているチケットをかくにんしたり、質問に答えてくれました。だからせまいカウンターの前でもみな静かに待つことができ、いつもは文句を言うドイツ人でさえ何も言わずにだまって列に並んでまっていました。そ

こでは横入りするような人も、自分の意見を通そうとする人もいませんでした。

日本にいると、よく「マナーを守ろう。」というかけ声を見かけますし、耳にします。そして人々はそれをよく守って、大ぜいの人でこみ合う駅や電車の中でも、みな静かに本を読んだりスマホを見たりしながら電車をまっています。そして、困った人がいれば、係の人が助けてくれたり、他の人も親切にしてくれます。そこでは自分の意見を主張しなくてもよいのです。

私はドイツの学校に電車を使って通いますが、そこで見かける光景は日本のものとはちがいます。乗客はたいてい静かにすわっていますが、大きな声でおしゃべりする人もいて、中には大きなボリュームをだしてビデオをスマホで見ている人もいます。そのボリュームを注意されるとその人達はおこりだし、文句を言い返したりし、それを見ている周りの人達も自分達の意見を言いだしたり大さわぎになります。電車の中には、「マナーを守ろう」だけでなく「マナーを守らない人には〇ユーロの罰金を課します」というこわい事が書いてあります。そして、電車はよく遅れるのでみなイライラしながら駅でまち、電車がくると列に構わず横入りする人達が必ずいます。

私はドイツの自由な文化も好きですが、日本のようにマナーを守り、それを助けるサービスがドイツには足りていないと思いました。またサービスが充実すると、人は他人を尊重し、自分のマナーをふり返ることができるのだと思います。

『変えていこう、僕たちから』

オタワ補習授業校（カナダ）中一　東村（ひがしむら）　滉（ひろ）
（海外滞在年数七年七カ月）

黙食が徹底されている学校のランチタイム。自分の席で静かにおにぎりを頬張りながら窓の外を見ると、美しい緑が広がり始めていた。ああ、ようやく春が来たのだ。

「あれ？　あの赤と青のものはなんだろう。」

緑のはずの芝生にカラフルな色が混じって見える。不思議に思い、目をこらして見てみると、それはなんと大量のゴミ、ゴミ、ゴミ！　半年という長い冬の間にたまったゴミが、雪解けとともに一気に現われたのだ。

カナダの春は美しい。灰色で塗りつぶされた冬の景色が、一気に鮮やかな緑に包まれ、カラフルな花も次々に咲く。そんな美しい春をゴミは台無しにしてしまう。僕は居ても立っても居られず、黙食時間が終わると、すぐに親友のエヴァンに声をかけた。

「外を見てよ。けっこうなゴミの量でしょ。久しぶりにゴミ拾いしたいと思うんだ。」

僕とエヴァンは、とても気が合う友達だ。考えることも似ていて、学校ではいつも一緒に過ごしている。エヴァンはもちろん大賛成。

「うん、けっこう汚れてるね。やろうよ！」

僕たちは冬が始まる前も、ゴミ袋とトングを持ち込み、時々校庭に落ちているゴミを拾っていた。だが、この雪解け後のゴミの量は休み時間に二人きりで拾える量ではなさそうだ。

「クラスのみんなに声をかけてみない？　アースデーも近いし。」

アースデーとは、地球環境を守るために行動を起こす日だ。毎年四月二十二日になると木を植えたり、ゴミを拾ったり、車に乗らず自転車や徒歩で移動するなど、世界中で十億人以上が環境に優しい取り組みを行っている。

そんなアースデーまであと三日。できるだけ多くの人に参加してもらえるよう、直接声をかけるだけではなく、洗面所にサインアップリストを置くことにした。ここなら多くの人が立ち止まって見てくれるはずだ。

「アースデーの休み時間にゴミ拾いをしませんか？　参加したい人はここに名前を書いてください」

楽しい休み時間なのに、ゴミ拾いをしたい人なんているのかな、一人も参加者がいなかったらどうしよう――そんな不安を抱きながら手を洗いに行くと、なんとすでに十人以上の名前が書かれていた。

「やったー！」

これは大成功の予感。僕は真面目に手洗いをしているつもりなのに、ついつい顔がにやけてしまう。周りから見たら、怪しい人物だったに違いない。その後も僕とエヴァンはリストが気になって、ついつい何度も手を洗いに行く。おかげで僕らの手はいつも以上にピカピカだった。

気になるリストはどんどん名前が増え続け、最終的に、四十三人の生徒と担任の先生、さらには校長先生まで参加してくれるというのだ。

「なんだか大ごとになってきたぞ……」

そして迎えたアースデー当日。参加者全員がやる気に満ちていた。

「できるだけ拾ってみせる！」

「アースデーのために頑張るぞ！」

休み時間のベルを合図に、僕たちは一斉に外に飛び出した。いよいよゴミ拾いの始まりだ。

お菓子の袋、片方だけの手袋、ボロボロになった段ボール――僕は様々なゴミを拾った。一番驚いたのは、五十センチメートル四方の宝くじの看板が落ちていたことだ。住宅街にある学校なので、どこかから飛んできたとは思えない。だれかがわざわざここに捨てたのかもしれない。看板だけじゃない。小さなゴミも、なぜ捨てられているのだろう。ゴミ箱がすぐそばにあるのに、なぜゴミ箱に入れないのだろう。様々な疑問が頭をよぎり、僕の心は沈んでいく。「ぽい捨て」は、美しい景色を汚すだけでなく、人々の心の明かりまで奪ってしまうのだ。

その一方で、犬の散歩中に落ちていたゴミを拾って、僕たちのゴミ袋に入れてくれた人もいた。

「ゴミ拾い、頑張ってね。」

という励ましの言葉とともに。雨上がりに虹がかかったように、この言葉で僕の心は一気に晴れた。

「ありがとうございます！」

僕はお礼を言って、ニコニコした顔でまたゴミを拾い始めた。

たった二十分間のゴミ拾いだったが、みんなで集めたごみの量は大きなゴミ袋二袋分にもなった。あのとき、窓から見た小さな点のように見えたゴミが、ここまで大量になるとは、まさに「塵積って山となる」である。エヴァンと僕はこんなに大きなイベントを開催できたこと、そしてそれが大成功したことを喜び合った。

校庭のゴミ拾いを通じて、僕は行動を起こすことの大切さを知った。どんなことでも「誰かがやってくれるだろう」と期待するのではなく、自ら動けば良いのだ。その行動に、クラスメートや先生、あの散歩していた人のように、協力してくれる仲間がどんどん集まるかもしれない。一人一人の行動には世界を変える力があるのだ。たとえ、まだ十二歳の僕たちでも。

「ゴール！」

春の暖かい風を浴びながら、僕たちは校庭の芝生の上で思いっきりサッカーを楽しんだ。僕たち自慢の芝生は、ゴミ一つなく、青々と輝いている。

『地球を守るために私達にできること』

個人応募（アメリカ在住）中一　鈴木芙佳（すずきふみか）
（海外滞在年数十カ月）

私がカリフォルニアの学校に通い始めて九ヶ月が経ちました。日本の六年生の九月にアメリカに来たのですが、誕生日の関係でいきなりミドルスクールの七年生（日本の中学一年生）に入ることになりました。日本だとこれから本格的に英語の勉強が始まるというのに、まだよくわからない英語で第二外国語のフランス語も習うことになって、頭の中がこんがらがっています。でも学校は楽しくて大好きな場所です。

最近、学校の友達のご両親が「テスラ」という電気自動車を購入しました。クリーンエネルギーを目指して、ガソリンではなく、電気で車を動かそうと考えた「テスラ」という会社が作った車です。値段は決して安くはなくて、むしろ高額な車ですが、「お金持ちだからこの車に乗っています。すごいでしょう」と誇らしく言うためではなく、「テスラは高いけれど、その車に乗ることで地球環境に優しくしたい気持ちを強く表しているのよ」とお母様が説明してくれました。

家の近くにショッピングセンターがありますが、駐車場はいつもほぼいっぱいで、右に行ったり左に行ったりして、ぐるぐる回りながら停めるところを探します。ある時、「あ、あそこが空いている。あそこに停めよう」と、空いている場所に近づくと、そこには「ＥＶ（電気自動車）専用の充電場所」と大きく書かれていました。障害者専用のスペースと並んで、お店の入り口に一番近いスペースがＥＶのために割り当てられていて、びっくりしました。その時、これは、環境に優しい車に乗っている人たちに感謝し、その行動を支持するためにそうしているのだと思いました。

ベイエリアに住んで気づいたことはもっとあります。ここでは、できるだけ新しいものを買わず、ユーズドの中古品から必要なものを探す人が多いです。私の家のソファーもベッドも食卓も、ほとんどを中古家具店で揃えましたが、日本に持って帰りたいほど気に入っています。一般的にあまりおしゃれにお金をかけずに、古着屋を普通に利用しています。私もこの夏のサマーキャンプに必要なものを、ほとんどユーズドで手に入れました。またここでは、アウトドア商品のブランドのパタゴニアやノースフェイスなど、サステナブルな素材を使って製品を作っている会社の洋服を着ることが、ひとつのステータスになっているそうです。学校の友達たちの中にも、意識をして洋服選びをしている人がたくさんいます。まだ十分に価値のあるものを使い回す考えは、物を大切にするだけでなく、地球へのダメージを減らすことにもなるのです。

数日前の月曜日のサイエンスの授業で、二つのレシピが宿題として出されました。それを受け取った瞬間は、サイエンスの宿題で調理をするの？と不思議に思ったのですが、その後、ものすごく大事なメッセージがこの宿題に込められていることを知りました。「食糧を供給するために地球の土地がどれだけ使われているのか。安全な食糧を確保するためには、地球を健全に維持する必要があることを自覚して、日々の生活の中で自分に出来ることを実践しよう」というのが宿題の意味でした。そのためにはメタンガスをたくさん出す牛を食べない日として特別に「ミートレス・マンデー（お肉を食べない月曜日）」を設けて、「野菜だけのトルティーヤスープとファッロ・サラダを作って食べなさい」という課題だったのです。しかも、実際に作ったものを次の日に先生に提出するまでが宿題でした。先生は六クラス百二十人から届いたスープとサラダを全部食べ切れたのでしょうか。この一週間は毎日毎食、生徒たちのスープとサラダを食べ続けることになったはずです。

小学校五年生の夏に、叔母様が住んでいたシンガポールを訪問したことがあります。その時、「ガーデンズ・バイ・ザ・ベイ」というシンガポール最大の人工植物園に行きました。そこは滝が流れ、緑の木々が空から垂れる中をゆっくり回りながら、世界から集められた植物を鑑賞するのですが、ところどころに、鮮やかな色の花の模型作品が埋め込まれていて、とてもきれいで素敵なところでした。見学コースの最後のコーナーは、映像を見る場所でした。一体何が始まるのかなと思っていたら、大スクリーンに映し出されたのは、深刻な地球温暖化を警告する映像でした。「地球の温度があと一度上がったら、植物はどうなる？　動物たちは？　二度上がったら？そしてある温度まで上がったら、地球は死んでしまいますよ」というナレーションが流れ、鳥たちや動物たちの死がいが横たわる写真や、枯れた森林の映像が画面いっぱいに現れたのです。普段、「地球温暖化」という言葉を身近に感じていなかった私は、具体的にこんなことになるんだという警告に、震えました。重たい気分のまま、映像室の外に出ると、人間が地球をダメにしてきた歴史とその原因を映像と模型で示すコーナーがありました。

さっきまで見ていた緑豊かな植物園は、地球温暖化によって幻になりますと言われたようで、私は将来のことがとても心配になりました。

そこでその夏の自由研究は、「地球が大変だ」という題でいろいろなことを調べました。スウェーデンのグレタ・トゥーンベリさんという高校生が、「大人たちが地球温暖化にしっかり取り組んでくれないと、私たちに未来はない」と抗議に立ち上がったことにも驚きました。金曜日を特別の日として、世界中の子どもたちが「温暖化を何とかして」と訴えるデモを続けていることも知りました。ある国の学校は、このデモに参加しても、授業を欠席にはしないと決め、地球のために行動を起こしている勇気を学校も応援しているそうです。世界中の若者たちが、地球が危ないと気づいて行動を起こしていることに、ドキドキしました。

それから一年経って、カリフォルニアに来ました。家のすぐそばには、有名なスタンフォード大学があって、大学のキャンパスに遊びに行くだけで頭が良くなった気になります。数日前、この大学に、「サステナビリティ学部」が出来ることが発表になったとお母様から聞きました。お金持ちのジョン・ドーアさんが、大学にお金を寄付して、学部が出来ることになったそうです。牛を食べない日の宿題のことや、古着屋で手に入れたキャンプグッズのことや、テスラに乗り換える人が増えていることや、シンガポールで見た気温上昇で地球が滅びるという警告映像のことが全部つながった気がしました。ドーアさんは、心から地球の未来を心配して、自分のお金を出してでも学部を作ったそうです。スタンフォード大学は家から車で五分のところで、近いのですが、とてもレベルが高いのです。私の英語力では入学は難しいのですが、そんな学部がすぐ近くに出来たことが嬉しくて、秋からの英語の勉強にも気合が入りそうです。

たったひとりが何かを頑張ったところで、何も大きくは変わらないと思うかもしれませんが、ひとりひとりの意識が変われば、私たちの地球の未来はきっといつまでも青々とした存在であり続けるはずです。地球を思いながら飲んだ宿題のスープは、とても美味しかったです。

『スポーツでできたコミュニケーション』

アデレード日本語補習授業校（オーストラリア）中二　濱島莉緒（はまじまりお）
（海外滞在年数二年四カ月）

私がオーストラリアに来た時、一番心配になったことは友達を作ることであった。なぜなら、私はまだ英語が全く話せなかったからだ。日本の小学校では英語の授業が数時間あったが、そこで覚えたのは簡単な単語ばかりだった。自由に言葉がしゃべれないこと、自分の気持ちを表すことができないことは私にとって不安でしかたがなかった。

オーストラリアでは、まず、英語を集中的に学ぶ学校へ通う方法と、すぐに地元の学校へ入学する方法の二つがある。私は早く友達を作りたかったので、最初から地元の小学校へ入学することを決めた。そしてネイティブの人たちと英語でコミュニケーションをとらなければならないという大きな壁に挑んだ。しかしいざ、学校に行く二日前ぐらいになって、心が折れそうになった。そこには日本人の同級生はだれもいなかったので、言葉がわからなくてもどうにかして話さなければならなかったからだ。

教室に入る前、私は絶対に友達なんかできない、一人ぼっちになってもだれも助けてくれない、そう思っていたが、意外にも状況は違っていた。まず教室に入ると、二人の女の子たちが話しかけてくれた。一人はベトナム人、もう一人はオーストラリア人だった。彼女たちは私が英語を話せないことを知っていたのか、ゆっくりと話してくれた。始業時間が近づくと、ほかにも次々と人が入ってきた。驚いたことに、みんな気兼ねなく私に話しかけてくれた。このとき、日本にいたことを私は思い出した。私のクラスには一人だけ外国から来た男の子がいた。しかも彼は少し障がいを持っていた。そして日本語がうまく話せなかった。なので、彼は半年ぐらい一人で過ごしていることが多かった。ふと、このことを思い出し、自分の行動を後悔した。私は彼と同じ立場になって、初めてコミュニケーションが取れないことが、どれだけ大変なのかに気づくことができた。どうやってみんなの中へ入っていったらいいのかと考えるようになった。

その日の休憩時間、みんなが私に自己紹介をしてくれた。そのなかには、去年オーストラリアに来たという韓国人もいた。彼女は普通に英語で友達と話していた。その様子を見て、私もいつか彼女のように英語でみんなと話し自分の気持ちを言葉で表現したいと思った。

　数日後、体育の授業があり、私たちは縄跳びをすることになった。驚くことに、クラスのみんなは縄跳びをあまりしたことがないらしく、前跳びすら跳べない子もいた。そんななか、私はハヤブサ跳びをしてみると、みんな目を丸くして驚いていた。その後みんながたくさん私に話しかけてくれた。私はこの時英語でうまく話せなかったので、グーの手をして「I can do jump rope」とだけ言った。

　つたない英語だったが、すこし気持ちが伝わったのか笑顔を返してくれた。するとその後クラスメイトに一緒に遊ぼうと誘われた。この時、自分の特技であるスポーツを通じて、クラスメイトとコミュニケーションをとることができるのだと実感した。

　以前、父が私に話しかけてくれたことがある。私の父も、アメリカに住んでいたことがあり、英語が全く話せず苦労したそうだ。けれど体育の授業や放課後のスポーツで少しずつ友達を作ることができたそうだ。そこで私は思い切って、学校のバスケットボールチームに入ることにした。

　私は最初、チームに入った時には誰もパスを出してはくれないし、声もかけてもらえなかった。そもそもバスケットボールをやったことがあまりなかったので、チームでは全く役に立たなかったのだ。しかし私は父と一緒に、平日の放課後や休日に学校のコートで一生懸命練習をした。その中でバスケットボールのルールを覚え、どうすれば相手にボールを取られずにパスをすることができるかなど、基本的なことを少しずつ身につけていった。スクールホリデーにはバスケットボールのレッスンに数日間通ったこともある。そこには、他の学校からもたくさんの生徒がやってきていて、とても刺激的だった。一日中バスケットボールを練習するのは、思っていたより大変だったけれど、その結果、以前よりもボールを扱えるようになり、レイアップはほとんど入るようになった。それを見たメンバーは、私にパスを出してくれるようになった。さらに放課後の公式試合以外にも、休み時間など一緒にバスケットボールをすることが多くなっていった。小学校の最後の試合ではみんなと写真も撮った。私にとってとても楽しい時間を過ごすことができた。

　今年になって小学校からハイスクールへ通うことになった。ハイスクールにはいくつかの小学校が合わさるために、小学校が同じだった友達は、クラスで三人だけだった。けれどクラスに入ると、知らない中国人の背の小さい女の子が声をかけてくれた。今の私は、昔何も話せなかった自分とは違う。勇気を出して私も話しかけてみた。その時、今は自分の言葉で言いたいことがいえるようになったと実感した。

それから私はハイスクールでもバスケットボールのチームに入った。もちろん私には知っている友人はいなかった。けれども以前の自分とは違い待っているだけではなく、自分から声をかけにいくことができるようになった。小学校時代に練習を頑張ったおかげで周りの人が何回もパスを出してくれるようになり、シュートを何度も決められるようになった。みんなで一緒に決めたシュートでは、みんなでハイタッチをし、喜びを分かち合えるようになった。まるでリレーでバトンを渡し合うようにパスをだしあい、シュートを決めることができるようになった。

さらにウィンタースポーツでは、サッカーに挑戦した。今まで私はサッカーをやったことがなかったので初めてサッカーをしたときには、ルールもわからず、ただ必死にボールを追いかけているだけだった。しかし、毎週の練習は休み時間、サッカーのゲームをしていくうちにルールもパスの仕方もわかるようになった。そして四回目の試合ではゴールも決められるようになっていた。友達とサッカーの試合をしていくうちにサッカーの技術が上達していたことに気づいた。サッカーもバスケットボールと同じように、チームワークがなければゴールまではたどり着かない。私は英語が上達するにつれ、チームメイトとの意思疎通がよりスムーズにできるようになった。私にとってスポーツは自分の体力を維持するだけではなく、友達とのコミュニケーションの手段だと考えている。

私は、オーストラリアに来る前と今はとても変わった。オーストラリアに来るまでは、こんなに積極的ではなかったと思う。たくさんのスポーツを通してコミュニケーションができたからこそ、今ではたくさんの友達ができた。これからも私の特技を生かして新しいことにチャレンジしていきたい。

『本当の友達』

シラチャ日本人学校（タイ）中二　池田栞菜
（海外滞在年数三カ月）

『本当は行ってほしくなかったけど。』

この文字を読んで私は泣いてしまった。

二〇二一年の冬、私が学校帰りにテスト週間ということもあり勉強をしていた時、父が帰ってきた。めずらしく真剣な顔をした父が突然、私と母に向けて言った。「大事な話がある。」私は、コロナが流行っていた時期だったということもあり、濃厚接触者になったとか、そういう報告だろうと思い、その後に続く言葉を待っていた。そんな私の想像とは裏腹に、父はこう言った。「タイに行くかもしれない。」と。勉強していた私の頭は、何も考えることのできないほど真っ白になった。それは昔、父の仕事の都合で一度フィリピンまで行ったことはあったけれど、もうないと思っていたからだ。そして次に父は私達に聞いた「ついて来る?」その言葉を聞いて、真っ白だった私の頭の中は、楽しそう、行ってみたい、という感情にあふれていた。そして思わず言った。「私も行ってみたい。」

　それからは早かった。父の言った、行くかもしれないは本当になり、いつのまにか父はもうタイにいた。私と母は後から行くことになっていたので、先に行った父と電話をしながら、こんな所に住むんだ、何しようかな、と想像をふくらませていた。そして、もうタイに行くことが決まったので、親友に伝えることにした。その親友は、私の一番の友達で本当にずっと仲良くしてきた友達だ。どんなことを言われるだろう、悲しんでくれるかな引きとめられるかな、なんて考えながら親友に伝えた。すると彼女は笑顔で言った。「行ってらっしゃい。」「タイでも頑張ってね。」と。私の想像とは全く違う言葉に驚いたが、こちらも笑顔で「うん。」と答えた。ずっと仲良くしてきたのに、これだけか、と内心少しショックだった。実際、彼女からしたらたくさんいる友達の中の一人なわけだし、私からすると親友だけれど、彼女からしたらそうでもない友達だったのかもしれない、とまで思ってしまった。伝えてからも、悲しい顔一つ見せず、私がタイに行く、ということをネタにして楽しく話すことが多かった。その度に、やっぱり私がいなくても、と考えてしまった。でも、彼女はよく、手紙を送るね、はなれていてもメールしたり電話しようね、と言ってくれてうれしかった。四月十一日。この日は私がタイに行く日の前日だった。四月九日にコロナワクチンの三回目を接種していたためまだ頭痛や気持ち悪さが残っていて、本当に行けるのか、飛行機に乗れるのか、私も母も不安だった。そんな時、親友からメールが届いた。明日の朝、家を出る前にポストを見て。

四月十二日。ついにタイに飛ぶ日が来た。私はまだワクチンの副作用により頭痛と気持ち悪さが残っていたけれど、飛行機に乗ると決意した。そして前日、親友に言われた通りにポストを確認すると、そこには親友がとても大事にしていた小さなぬいぐるみと、手紙が二通入っていた。一つには、行く前、一つにはタイについてから、と書いてあった。私は行く前の方だけを開けてみた。中には一枚の紙が入っていて、「バカ」とだけ書かれていた。親友のその文字を見て、不安だった気持ちが安心に変わり、少し泣いてしまった。普通だったら嫌になる言葉のはずなのになぜか親友からのこの言葉は私を落ち着かせてくれた。そして小さく「そのぬいぐるみを私だと思って。」とも書かれていたので、私はそのぬいぐるみを強く手に持って外に出た。飛行機では、多少副作用がキツい時もあったが、なんとか乗り切ることができ、ついに私もタイに着いた。空港に着いた時点では、暑さを感じるはずなのにタイにいるという実感がわかなかった。だがそんな私は思わぬ所でタイを実感した。それはトイレだ。トイレットペーパーを流さないで、という張り紙で私は、「あぁ、ここはもう外国なんだ。」と実感した。

空港で荷物を受け取り、ホテルに着いた。落ち着いた所で私は、親友からもらった手紙のタイに着いてからの方を読むことにした。手紙の内容は一枚目とは違い、細かい文字でびっしりと私達の思い出が書かれていた。そして私からタイに行くと伝えられた時の心情も書かれていた。「二年生もずっと一緒に登校できると思ってた、口には恥ずかしくて出せなかったけれど、死ぬほどさみしいし、心細い。直接会って話したいし、一緒に学校にも行きたいし、おでかけもしたいから、来年まで待ちたいと思います。私は本当は行かないでほしかったけれど、これは我がままなんだよね。でもタイに行っても大切な友達です。これからも仲良くしてね。」もっともっと、ここに書ききれないほどの気持ちのこもった文章がこの手紙には詰まっていた。私は、こんなにも友達に愛されていたんだ、とやっと気付かされた。彼女が私を笑顔で見送ってくれたのは、私のことがどうでもよかったからなんかじゃなく、我がままをおさえてまで私の背中を押そうとしてくれたからだったんだ、それが分かった瞬間私は思わず泣いてしまった。タイに飛ぶと決めた時からあまり感じていなかった、友達と離れるという悲しさをここでやっと感じたのだ。ホテルに一泊した次の日、私と母は父のいる新しい我が家へと向かった。新しい家は二十七階にあり、窓からの景色がとてもきれいだ。そして最上階の三十八階にはこれまた景色がきれいなプールがある。家の前には大きなショッピングモールがあって、とても楽しい所だ。ここを初めて見た私は、親友と来たい、彼女と来ていたらきっとこうしていただろうと、来れない親友と、もし一緒に来ていたらとよく考えた。タイの町並みをながめている時も、あの子ならこんなことを考えそうだな、彼女をここに連れて来たらきっと楽しいだろうな、とたくさんの友達を登場させてよく考えていた。ついこの間まで遊ぼうと思えばすぐ遊べた友達が今では遠い所にいるという事実に、私は複雑な気持ちになった。

それから数十日たち、やっと学校生活が始まった。私は友達をつくることが苦手なため、今でもとても仲の良い友達がたくさんいるとは言えない。だけれど、長い月日を経て、私が日本に帰る予定の一年後には、日本で私のことを待ってくれている友達のような、信頼し合えるような友達が少しでもできたらいいと思っている。そして、初めてのことが多い中学二年生の学校生活。日本人学校ならではのことや、たくさん使うパソコンのことなど、覚えないといけないことがたくさんある。そもそも多くの人と関わる学校という場が私は苦手だ。けれど、日本で待っている友達にタイのこと、タイでの学校生活のことをたくさん話したい。そのために私はどんなに辛い生活が待っていたとしても、何としてでも乗り越えていこうと思った。私はタイに行くと決めた時、楽しそう、としか思っていなかった。だが、タイではもちろん、楽しいことだけではない。けれどそんな辛い時、私には日本で待っている友達がいる、と思うと強くなれる気がする。タイに来ることで、私は友達の大切さに気付くことができた。この先のタイ生活でも、この気持ちを忘れずに生活していこうと思った。

『いつか咲く日のために』

ジャカルタ日本人学校（インドネシア）中二　奥津（おくつ）そら
（海外滞在年数七カ月）

今思えば、自分がインドネシアに来ることになるなんて思ってもみませんでした。ある日突然両親から、父の仕事でインドネシアに引っ越すことになったと聞いたのでした。インドネシアに来たときはコロナ禍のため10日間のホテル隔離がありました。隔離期間が明けると、自宅へ向かいました。家にはメイドさんがいます。家族のための車とドライバーさんもいます。日本では歩いて登校していた私はドライバーさんに送迎をしてもらい学校へ通うようになりました。私の生活は一変しました。

インドネシアに来た当初の私は隔離中のホテルから言葉の壁にぶつかりました。電話でタオルの交換や水の補充などをお願いするときに、インドネシア語はもとより英語もままならない私は、伝えたいことを上手く伝えることができませんでした。しかし、何回か同じフレーズを使うと慣れてきて、聞き取ってもらえることが増え言いたいことが伝わったときとても嬉しく感じました。学校のECの授業でも、自分が伝えたいことを英語にするということが難しく感じました。細かく伝えることができない、発音が上手くできないため聞き取ってもらえないということもありました。それでも授業を受けるうちに語彙（ごい）が増え、自分が伝えたいことを自分の英語で伝えることができるようになりもっと英語を話すことができるようになりたいと思うようになりました。私は話すことが大好きです。しかし、日本語も英語も通じないメイドさんとドライバーさんと、コミュニケーションがとれない現実にとてももどかしさを感じていました。しかし、学校ではインドネシア語の授業がありました。そのため、習った言葉を使って簡単な文で伝えることができました。単語だけでも理解してもらえると、もっと語彙を増やしていきたいと思うようになりました。インドネシアに来てから、言葉が伝わらず苦労する場面は多くあります。それでも、伝わったときの喜びがあるからこそ、もっと言語について学びたい、自分の言葉で多くの人とコミュニケーションを取ることができるようになりたいと思うようになりました。

中学生になってからはじめた大好きなバレーボールは、インドネシアの学校ではできませんでした。学校以外でも探しましたが、コロナの影響でインドネシアにいる日本人は減り、ジュニアのバレーボールチームはありませんでした。ある時、バレーボールをやっている場所があると聞き行ってみました。そこには、中学生から大人まで、14歳から51歳の、性別も職業も様々な人たちがいました。初めて来た私に多くの人が気さくに話かけてくれて、初心者同然の私に多くのアドバイスをくれました。隣のコートで練習していたインドネシアのチームに誘われ、試合をすることになりました。初めて会ったインドネシア人の人達でしたが、良いスパイクが決まるとチーム関係なく一緒に盛り上がって、あと一足のところでボールが落ちてしまったときには、一緒に悔しがり、同じ感情を自然に共有していました。試合中に百九十七センチメートルは優に超える長身の相手選手がスパイクを打つときにネットを破るように力一杯手を振り下ろし、堂々のタッチネットとなってしまいました。その時、コートが笑いの渦に包みこまれました。私は、同じスポーツという共通点だけで国も性別も年齢も、職業も育ってきた環境を超えて笑い合えるということがとても素晴らしいことだと実感しました。そして、私が大好きなバレーボールにはそれだけの大きな力があると実感しました。

私は、コロナの影響で小学校の修学旅行はなくなりました。中学一年生のときの部活動のスタートは遅れ、体育祭は延期になりました。そのため、コロナの世代で可哀想と言われることが多くあります。しかし、インドネシアに来てからは良いことがたくさんありました。少ない人数で授業を受けることができるため、手厚いサポートを受けることができました。バレーボールでは、このような環境でなければ出会うことのできない人達と同じチームで活動できています。コロナというのはマイナスに捉えられがちですが、私はコロナ禍でインドネシアに来れたからこそできた経験も多いのではないかと考えます。

渡辺氏は『置かれた場所で咲きなさい』という本の中で「置かれたところこそが今のあなたの居場所なのです。咲けないときは根を下へ下へと降ろしましょう」「人はどんな場所でも幸せをみつけることができる」と言っています。

私はこの言葉を知ったとき、大根を思い浮かべました。大根の葉は切って水につけるとまた成長します。環境が変化してもその環境に適応する力を大根ももっているのです。

私は望んでコロナという脅威に見舞われたわけではありません。自分から行きたいと声を上げてインドネシアに来たわけではありません。しかし、インドネシアでの生活が、今後、私が成長していく上で、直接的に花に実を結ぶことがなかったとしても、私を支える根の一部になるのではないかと思います。たくさんの人との出会いがあり、新しい発見があり、不慣れなことがあると同時にできることの嬉しさを感じることができました。この半年間で、日本にいたらできない貴重な経験をすることができました。限りあるここでの生活期間の中で、多くのことを経験して、今後の成長に繋げていきたいと思います。

『カレイドスコープ・パキスタン』

イスラマバード日本語クラブ（パキスタン）中三　白井柊至（しらい しゅうじ）
（海外滞在年数十四年七カ月）

「え、車で行くの？」

　正月早々に母から車でカラチに行くと告げられた。カラチはパキスタン最大の都市で南のアラビア海沿岸に位置している。僕が暮らしているのは首都イスラマバード近郊のラーワルピンディ。飛行機ならば二時間の距離だが、車で移動となると休まず走って十六時間。片道一泊二日の一五〇〇キロの旅だ。

　高速道路の旅は想像していたよりは快適だったが、それでも車でじっと座っているだけというのは苦痛だった。父は運転手と交代でハンドルを握り、母は旅の記録を書き留めながら父を質問攻めにし、弟はサービスエリアで停車する度に何かを買い込み、僕は最後部座席で旅行荷物と愛犬のケージに埋もれながら車窓の景色を撮影していた。

　パキスタンは農業国だ。パンジャーブ州の北から南、そしてシンド州へと移動する間、左右に広がる広大な農地は、オレンジ農園と菜の花畑から、マンゴー農園となり、その後も、綿花、サトウキビ、バナナ、ナツメヤシと姿を変えて行った。学校の社会科の授業で教わったイリゲーションの仕組みも高速道路から観察することが出来た。ちょうどサトウキビの収穫の季節で、サトウキビ農園では家族総出で鎌を手に収穫作業が行われていた。まさか手作業で収穫しているとは知らなかった。よくニュースで砂糖が値上がりしたと騒がれるが、あのような重労働で収穫されているのならば仕方がないと納得するほどの大変な作業に見えた。収穫されたサトウキビがデコトラに積まれ、高さも幅も最大限に膨れ上がった巨大な荷台を支えながら、よろめくように道路を這うトラックが何台も連なっていた。カーブではダルマのように左右に振れていて、肝を冷やした。

農作物だけではなく、移動と共に、人々の服装や家の造り、沿道を歩く動物達、そして、リキシャのデザインも変わっていった。

パキスタンは国土面積も人口も日本の約二倍で、七つの民族を中心に少数民族も数えると三十以上の民族で構成されている。肌の色、目の色、髪の色も様々だ。公用語はウルドゥ語と英語だが、全体で七十四の言語があると言われている。

僕の父はカイバル・パフトゥーンクワ州のアボタバード出身でヒンドゥコ語が母語だ。ヒンドゥコ語を母語とする人は五百万人ほど居て、パンジャーブ州の一部やカシミール行政区でも話されている。僕はヒンドゥコ語は理解できるが話すことは出来ない。方言ではなく言語として全く別物という印象で、ウルドゥ語とは違う。こんな風に全く異なる母語とウルドゥ語と英語とを自由自在に使う人達がパキスタンにはたくさん居る。学校の友達でも家では親の母語を話しているという人は珍しくない。僕が家で日本語を使っているような感じだ。しかし、地方に行くと母語しか話せない人も居て、ウルドゥ語が通じない人も居る。ウルドゥ語を母語とするのは全国民の五％程、約千五百万人程度だ。ウルドゥ語習得は学校教育の役割でもある。

僕が中学生になった頃から、両親は熱心に国内旅行をするようになった。コロナ禍で日本に一時帰国できない年が続いた事も、国内旅行に拍車をかけた。二〇一八年に北部山岳地域の桃源郷フンザのあるギルギット・バルディスタン行政区に行った。片道八百キロのドライブで中国国境のクンジュラブ峠まで足を延ばした。二〇一九年は古代ガンダーラ王国のあったスワートへ行って三蔵法師が訪れたという仏塔を見学し、博物館でガンダーラ美術を見た。カイバル・パフトゥーンクワ州へは何度も足を運んだがスワートは初めてだった。二〇二〇年にはカシミール行政区へ行き、首都から片道三時間の場所にある自然あふれる別世界を満喫した。インドとの領土争いのイメージがあって緊張したが、パキスタン側のカシミール地域は平和そのものだった。カシミール・チャイとして有名なピスタチオの入ったピンク色のチャイを本場で飲むと、イスラマバードで売られているものとは全く別物で、砂糖ではなく塩を入れて飲むものだと知って本当に驚いた。二〇二一年にはムガル帝国時代の素晴らしい建造物の集まるラホールへ行った。パンジャーブ州の州都だ。夏だったのでバードシャヒ・モスクの大理石の床がホットプレートのように熱く、僕は熱中症気味になってしまったが、ラホールの街の高架道路から見えるムガル帝国時代の建造物の数々には息をのんだ。コロナ禍でインド国境でのセレモニーは休止中だったが、ここから一時間でインド国境の町ワガだ。そして二〇二二年の正月にシンド州の州都、パキスタン最大都市のカラチを訪れた。かつて一九六〇年代、七〇年代にはアジア屈指の大都市だったカラチには、日本企業のオフィスも今よりずっと多かったそうだ。僕の祖父が勤めていた会社の事務所も昔はカラチにあったらしく、どこにあったのか知りたくなった。

カラチからアラビア海に沿ってマクラン・コースタルハイウェイという道路を三時間ほど走って、クンドマリール海岸という美しい海岸に行った。ここは父の友人のタヘルさんが何年もかけて自分で整備してビーチハウスを建てた場所で、シンド州ではなくバロチスタン州となる。このあたりはバルチスタン解放軍というテロ組織が長年活動するエリアとなっていたために、カラチから三時間という距離にもかかわらず観光地化されることなく誰も訪れない海岸だったそうだ。今は軍の監視も行き届いて、整備も進んでいるが、まだホテルもなく、ゴミ一つない白砂の無垢なビーチが延々と続く。パキスタンの観光地ではどこもごみ問題が深刻だが、ここには貝殻と流木以外に何もない。そして毎朝それらの流木を拾って焚き火にする為に、二キロ程離れた村から人々が海岸にやってくる。拾った枝を頭上に載せたり、ロバに積んだりして、海岸沿いを西から東へ一往復してから帰って行く。昼間は網を持った漁師達が魚を捕りに来て、その日に食べる分だけを捕って帰って行く。この人達が暮らす村にはガスも電気もなく、携帯電話の電波も届いていない。大都会カラチから三時間のドライブで全くの別世界だ。そして、彼らはこのビーチが世界に誇る美しさだという事をきっと知らないのだろう。

夜になると海岸は天然プラネタリウムだ。流星が降ってくる。ある晩、タヘルさんが僕達を手招きして夜の波打ち際がエメラルドグリーンに光る現象を見せてくれた。夜光虫だ。毎日ではなく何かの条件が揃った日にしか見えないそうだ。朝日が昇ってから夕陽となって沈むまで遮るものが何一つない海岸。この奇跡のように美しい海岸で僕と弟は一月に初泳ぎをした。そして同じ頃にイスラマバード近郊のマリーという場所が豪雪に見舞われ、大勢の観光客が道路で車ごと立ち往生し、一酸化炭素中毒による死者が出るという事故が起きた。海水浴と豪雪。パキスタンが縦に長い国だということを実感せざるを得なかった。

こうして僕はパキスタンの四つの州（パンジャーブ、カイバル・パフトゥーンクワ、シンド、バロチスタン）と一つの連邦直轄地域（イスラマバード首都圏）、二つの行政区（ギルギット・バルティスタン、カシミール）の全てを訪問した。

教科書で勉強した時はなかなか覚えられなかった事が、知識ではなく経験として僕の中に記憶されたおかげで、暗記しなくても旅の事を思い出すだけで良くなった。今も地名を聞いただけで、そこで出会った人、食べた物、見た景色、訪れた遺跡、写真に撮った建造物、拾った石、触れた水、歩いた道、登った岩、泳いだ海を即座に思い出すことが出来る。これからも、もっと色んな地域を旅行してみたい。

『自分と向き合う』

カルガリー補習授業校（カナダ）中三　白柿心識（しらかきみのり）

（海外滞在年数九年十一カ月）

“What did you just say?（今なんて言ったの）”と友達に聞かれたが、私は聞き返されたことをなんだかわるいことのように感じ“Nothing.（なんでもないよ）”と答えた。そして友達は少し残念そうな顔をした。彼女の表情は、私の親が昔よく見せていた表情にとても似ていた。

昔から聞き返されることが多かった私は、「なんでもないよ」と毎回答えていた。それは長年の癖で、「なんて言ったの」と聞かれれば、「なんでもないよ」と勝手に口が動いてしまう程だった。そう答える度、父と母の顔は暗闇に染まり、姉弟はイラついた様子を見せた。聞き返されるのは声が小さいから。声が小さいのは自信がないからだと母は言った。私は不安な発言をするとき、無意識のうちに喉を締めていたのだ。だが、間違えるのは恥ずかしいことだと強く思っていた私は、注意されても改善することはできなかった。そんなある日、

「せっかく相手があなたのことを知ろうと聞き返してくれているのに、なんでもないと返すのは失礼だよ。」と目の奥を見て言われ、はっとしたのを覚えている。父

は何気なく言ってくれたが、彼の見守るような表情と力強い言葉は私の心に真っすぐに響いた。そして、私がみんなの好意を無駄にし、突き放していることを知った。

　そもそも何故自信を無くしてしまったのか。それはきっと、私が育った環境にあった。五歳くらいの時にカナダに移住し、慣れない言語や文化に戸惑いながらも、私は早くも順応していった。姉弟同士では英語を使うようになり、日本語よりも身近なものとなった。すると次第に、日本語が苦手になっていった。家族にはイントネーションや言い回しなどを間違えると、笑われたりからかわれたりした。きっと冗談交じりだったのだろうが、当時の私には「笑われるほど恥ずかしいこと」と疑心暗鬼になってしまった。また、家族との語彙力や経験の差に苦しんだ。特に母は、思っていることが隠せないタイプで、私の幼稚な会話をつまらなく思っていることは火を見るより明らかだった。だから、聞き返されると、相手は私の話を聞いていたくないのだと思った。また、言い直したところで、私の発言がおかしかったらどうしよう、などの思考で声が上手に出ないで、結局「なんでもないよ」と返していた。

　それが変わったのは私が小学校五年生の時だ。四ヵ月間、一人で祖父母の家に居候して日本の学校に通ったことにより、私の日本語は凄まじいスピードで成長した。また、家族と離れたことにより、間違えることはそれほど怖いことではないと分かった。カナダに戻って家族と過ごすようになっても以前のように「なんでもないよ」と返すことがなくなった。だが二〇二〇年か二〇二一年の一年間、コロナの影響で家族との時間が増え、英語での会話が極端に減った。対面授業が復活し、友達と会うようになると、私の英語がどれほど衰えてしまったかを痛感した。思うように言葉は出てこないし、何度も同じ言葉でつまずいてしまった。友達は聞き取れない言葉は聞き返してくれたが、それが億劫になり、気が付くと“Nothing”と言っていた。

　友達は真摯（しんし）に話を聞いてくれているだけなのに、それを面倒だと思った自分が恥ずかしかった。前にもこのようなことがあったと思い出し、私はこのことを作文にすることにした。すぐに「なんでもないよ」と返し自分や相手から逃げてしまう私には戒めが必要だと思ったからだ。人間なんてたいてい自分のことしか興味がないのに、私のことを気にかけてくれる全ての人に感謝して、私も彼らと真摯に向き合いたい。

『銃と共に生きる』

個人応募（アメリカ在住）中三　森戸麻耶
（海外滞在年数十一年三カ月）

世界中でアメリカほど銃の国という印象を持たれている国は他にないだろう。実際人々の生活に銃が溶け込んでいる光景を肌で感じることが多々ある。私も今のアメリカで銃を持つことに賛成だ。とはいえ、毎日起こる悲惨な銃による事件、例えば先日起こったテキサス州に住む高校生による小学校襲撃事件はあまりにも残虐で痛ましい。どんな理由があったにせよ、無抵抗な小学生を襲う犯人に強い怒りを覚える。普段は冷静沈着をモットーに事件を伝えるニュースキャスターもこの日ばかりは興奮気味に話していたことが事の重大さを物語っていた。

事件翌日、小学校に通う妹が帰宅早々、母に

「クラスメイトの子はもし自分の通う学校で事件が起きてもお父さんが銃を持って助けに来てくれるって言ってたよ！」

とすごい勢いで話していた。そして急に心配そうな顔になり、

「私のこともお父さんが銃を持って助けに来てくれるよね？」

と聞いていた。もちろん私の家に銃はない。それを分かっている上での妹の発言だ。よほど不安に思っているのだろう。母の苦々しい顔が印象的だった。一方、私の通う高校では事件が報道された翌日でも特に話題にならなかった。私がアメリカ人の友達にあえて事件の話題を投げかけても、友達の反応は、

「またあったんだ。」

だった。犯人が同年代だとしても、これが多くのアメリカ人高校生の反応だと思う。決して無知や利己主義からではない。銃が身近にありすぎるからだ。そして、この事件も数日たつと全くと言っていいほど話題にも上らなくなった。私は幼い頃ノースカロライナ州に住んでいた。ノースカロライナ州は自然が多い。少し車で走るとウサギやリスはもちろん、鹿やコヨーテ、アライグマ等の動物達と出会うことは珍しくない。そんな当時、仲の良かった友達の親の趣味は狩猟だった。

「これが今日のお父さんの収穫だよ。」

と誇らしげに言ってガレージに血が滴った鹿が頭を下につるされているのを見せてくれた時の衝撃は一生忘れられないだろう。

　銃と人間との歴史は長い。しかし、多くの日本人にとって銃は危険、怖い、戦争で使われる武器、警察官や映画の中の道具、といった自分とはどこか関係がないイメージではないだろうか。だが、アメリカで暮らしていると、このイメージはほとんど当てはまらない。アメリカ人の友達の反応からも分かるように、銃はリスクを承知で人々の日常に溶け込んでいる。一因として考えられるのは、アメリカは自然が多く国土が広大な為、なにか事件があったとしても、すぐには警察が助けに来てくれない事もあるのだ。自分の命、家族の命は自分で守る。自分にとって銃はリスク以上に強力な「盾」だという考え方が多くの人の意識の根底にあるように感じる。わざわざ他人から見える場所に銃を所持することを認めている州もあるぐらいだ。最近は特に人が集まる場所、野球場や人気の観光スポットには通常の小型銃を腰につけ、さらにライフル銃を持って警備する警官が増えたように感じる。そもそもアメリカ全体でみても民間人の銃所持は、基本的人権と一緒に認められているのだ。そんな今のアメリカから銃を全て排除するというのはあまりにも現実的ではない。とはいっても、このままの社会では安心して暮らすことが出来ない。銃と共に生きる国として、なにか安心できる「秘訣」のようなものが必要になってきたのではないだろうか。

　オーストラリアはアメリカと同じ自然豊かな国土を持つ国だ。個人の銃所持も許可されている。しかし、重大な銃乱射事件をきっかけに銃規制に踏み切った過去がある。当時の首相が防弾チョッキを着て、声をからしながら国民、政党、銃に係る団体を必死に説得して回ったそうだ。主な規制は二つ。新規の銃購入は許可書、免許を必須とすること。特定の銃を所持していたことを罰しない代わりに、国が違法銃を強制的に買い取ること。この二つを徹底することによって銃による事件が激減したという。私はここに「秘訣」があると考える。現在のアメリカでは州にもよるが、抜け道さえある簡単な身元調査をクリアすれば銃を手に入れることが出来る。よって、所有されている銃の数はなんと人口を上回るというから驚きだ。何度も立案、廃棄を繰り返しているが、やはり新規の銃の購入時には理性や責任が取れない人に銃を持たせない為にも、もっと念入りな身元調査と免許の確認を求めるべきだろう。国民の大多数も希望しているそうだ。そして、処分に困る違法銃を含め、様々な銃が未成年の家族でも手に届くところに保管されているという危機感のない日常という問題。この日常に対してはデジタル技術を使うのだ。私が考えるアイデアは二つある。まず一つめは、銃にスマートフォン使用時のように、本人しか使えない身体的特性を生かした本人確認システムを導入するのだ。スマートフォンと同じ指紋認証でもよいと思う。指紋認証ボタンを、銃を使う際に必ず触る場所、セーフティーやトリガーと呼ばれる部位につける。そうすることでとっさな危機的状況でも支障をきたすことなく銃が使用できるようになる。二つめは特定の場所では使用できなくする銃無効化電波受信装置の取り付けだ。例えばスマートフォンだと、美術館や映画館等では電波をカットすることができる。銃の場合は特定の場所では逆に電波を流し、銃を無効化できる装置をとりつけるのだ。個人宅、学校等銃を使用しなくてよい場所では絶えずこの電波を流し続け、銃を無効化する。今のデジタル技術をもってすれば容易にできるはずだ。まず新規の銃販売時に銃を所持できる人を厳しく見極める。さらに指紋認証システムと無効化電波受信装置を搭載した銃のみを販売する事を徹底させる。すでに所持している銃に関しても、無料で指紋認証、無効化電波受信装置搭載銃と交換するのだ。銃の販売禁止による経済損失を考慮すると、デジタル技術を取り入れた銃の開発費用や銃の交換にかかる費用などは銃メーカーが喜んで負担するのではないだろうか。そして同時に銃を所持する人々の意識も変わることが予想される。デジタル産業の向上にも役に立ち一石二鳥いや、それ以上の効果を生むと考えるのは楽観的すぎるだろうか？

　私達の日常は忙しい。私も受験生なので今まで以上に時間に追われ、日々の生活が矢のごとく過ぎる生活を送っている。でも、銃問題は決して日常に埋もれさせてはいけない。時間も解決してくれないのだ。世界のリーダーとして常に世界中から一挙手一投足が注目されているアメリカ。そんな国の小学校に通う妹が、学校生活に安全上の不安を感じるなんておかしい。親が銃をもって子供を助けに行くと子供と約束するなんておかしい。子供の死因第一位が銃によるものなんてもはや溜息しか出ない。明日の自分を守る為、大切な家族を守る為、誰もが安心して暮らす社会の為、全世界に銃との共存の仕方のお手本になるような方法を見せて欲しい。私達も今すぐ銃と共存する社会の「秘訣」について考えよう。一朝一夕で変えられるものではない。でももし誰かが

「どうせ変わらないよ。それよりも　Time is money.」

と笑うのなら、私は立ち上がってこう言い返そう。

「Thinking is my life.」

だと。

『赤いドレス』

ロサンゼルス補習授業校（トーランス校）（カリフォルニア州）中三　比嘉彩乃
（海外滞在年数十四年七カ月）

「うーん。」

「杏理、そろそろ学校行くよ。あら、誕生日に買った服じゃない。まだ着てなかったの。」お母さんが少しびっくりした顔で言う。

「いやぁ、似あうかなって。」私の目線の先には誕生日プレゼントで買ってもらった赤いドレスがおいてある。

「似あう、似あう。このドレス、べつに学校のルールやぶってないし、パーカーとジーンズじゃなくてそれを着ればいいのに。」

「そうなんだけど……。」

「アメリカって日本とちがって制服ないし服の校そくゆるいから好きに着ればいいのよ。」

「う～ん。」お母さんがくれたアドバイスもなぜか心の中にはひびかない。

「変なところでおくびょうね。あ、あなたのクラスにみきちゃんっていう子いる。」

　みきちゃん。そういえばホームルームに日本人の名字と名前の子一人いたな。その子の名前がたしかみき……だったような気がする。名字なんだっけ……。

「あ、えっとみき立村……さん？　いるよ、同じホームルームだよ。やっぱりあの子日本人なんだ。」

「うん、その子のお母さんと最近仲良くなって。わたしたい物があるから、これ、わたしてくれない。」

　そう言われ、ふうとうをわたされた。「わかった」と一言いい、私はふうとうを折れないようポケットに入れた。

「よし、そろそろ時間だし、学校行こうか。」

「はーい。」

　私は返事をして車に乗った。

　学校に着くと、私は忘れないうちにとみきちゃんをさがした。みきちゃんよりみきさんのほうがいいかな。そもそも日本語でしゃべっていいのかな。と頭の中で考えが飛びかう。そして日本語でしゃべるかしゃべらないか決まる前に、私はみきちゃんをみつけた。みきちゃんは私と同じような灰色のパーカーとジーンズを着ていて美人という言葉が似あう顔にかっこいいショートのかみをしていた。しばらくなんて話しかけるか考えていたら、みきちゃんのほうから話しかけてきた。

「えっとどうした？　私になにかいいたいことがあ

る……の?」

と英語で話しかけてきた。見すぎた……。

「あ、いや。えっと……ふうとうを……。」

英語で話しかけられたのに、日本語で返してしまった。もし日本語がしゃべれるのがみきちゃんのお母さんだけで、みきちゃん自身はしゃべれなかったらだめだし、しゃべれたとしても、こんなにつっかえてたら笑われる。どうやってごまかそう。

「あ、日本語しゃべれるんだ。あんりちゃん、だよね?」

みきちゃんのほうから話しかけてきた。助かった。

「うん、ごめんね、急に。これ、お母さんからみきちゃんのお母さんへって。」

そう言い、私はふうとうをわたした。

「そういえばお母さん、最近新しい友達ができたって言ってたな。杏理ちゃんのお母さんだったんだね。ありがとう。」

「うん、よろしくね、みきちゃん。」

「うん、よろしく。」

そういうと、みきちゃんは自分の席へ戻っていった。

それにしても、きれいな声だな……。低い声で少しかすれている声……ハスキーボイスっていうんだっけ。しばらくするとベルがなり、私も席へ戻った。ホームルームが始まると、となりにすわっている親友のジェシカが話しかけて来た。

「あんり、さっきみきとしゃべっていたの?」

言うまでもないが、英語で話しかけて来た。

「うん、同じ日本語しゃべれる子だった。」

「いいなー。二つの言語しゃべれるなんて。エイミーもなんかしゃべれたよね。確か、イギリス語。」

と、もう一人の親友、エイミーに話をふる。

「フランス語だって! イギリスはふつうに英語だから!」

「あ、そうだったそうだった。」

くだらない会話にくすりと笑う。

「話題をかえよう! あんり、誕生日プレゼントなにもらったの? 前から気になっていたの。」

ジェシカの一言で一気に現実に戻る。

「えっとアイチューンズカード。」

何でかうそをついた。赤いドレスを言えばいいのに。

「わたしもそうしよっかなー。」

「そうね、だとうよね。」

ジェシカとエイミーが言い、少し胸が痛む。

もし、私がジェシカのようにきれいなかっしょく色の肌なら、エイミーみたいにきれいな金色のかみなら、胸を張って赤いドレスを買ったと言えるのかな。そうぼんやり思って一日が終った。

次の日、私はお母さんと買い物へデパートへ来た。お母さんが欲しい物が二つあり、どっちが似合うか決めてほしかったそうだ。かわりにアイスクリームを買ってくれるというのでついてきた。そして今、私はお母さんのお会計をまっている。服を選んでいる最中、私の頭の中は赤いドレスへのもやもやとどのアイスクリームにしようかでいっぱいだった。しばらく考えこんでいると、聞きおぼえのある声が聞こえた。低くて、少しかすれているハスキーボイス。「これください」と一言でわかる。これはみきちゃんの声だ。ふりむくとそこにはみきちゃんがいた。でも、見間違えそうなほど昨日とかわっていた。かのじょのみじかくて黒いかみに似あう銀色のピアスが耳にゆれていてもっときれいにみえる。そして昨日のパーカーとジーンズでは気付けなかったスタイルのよさはかっこいい服できわだっていた。みきちゃんの美人な顔は服とあうかっこいいメイクで美人からかっこいい人になっていた。息を飲むのを忘れてしまうほどきれいだったかのじょをみえなくなるまで私はみつめていた。かっこいいとかきれいとか声がもれる前に、私には一つぎもんがあった。なんで学校に着てこないのだろうと。メイクもさっき着ていた服も校そくをやぶっていない。もしかして、みきちゃんもこわいのかな。言葉には表せないなにかがこわいのかな。

「杏理、終ったよ！　アイスクリーム食べに行くんでしょ。」

「う、うん。」

気づくと、私の赤いドレスへのもやもやがなくなってアイスクリームの味なんてどうでもよくなった。かわりに、次学校へ行く時、なんてみきちゃんに話しかけようかと赤いドレスに合うメイクはなんだろうと頭の中で考えていた。

「作文」の部

「佳作入選者」一覧

70名

《小 一》
東村　萌　オタワ補習授業校
金子奈良　ニューヨーク育英学園アフタースクール
吉永真徳　ワシントン補習授業校
猪野伶奈　ロンドン補習授業校

《小 二》
門井陽葵　ニューヨーク育英学園（全日制）
板谷咲良　ニューヨーク育英学園（全日制）
土橋健太　ニューヨーク育英学園（全日制）
永井壮太　ニュージャージー補習授業校
橋場　慎　クリーブランド補習授業校
江袋明莉　ロンドン補習授業校
瀧川光太郎　ロンドン補習授業校
シュライトホップ蓮　デュッセルドルフ補習授業校
金田理桜　デュッセルドルフ補習授業校
西尾　峻　デュッセルドルフ補習授業校
河尾有灯　デュッセルドルフ補習授業校
谷内結花　ニューヨーク補習授業校
並木玲奈　ニューヨーク育英学園サタデースクール（ポートワシントン校）
菊池俊太　ニューヨーク育英学園サタデースクール（NJ校）

《小 三》
稲辺航也　香港日本人学校大埔校
森　悠唯花　香港日本人学校大埔校
オオタ シェリー　ホノルル補習授業校
小池あさひ　ウェールズ補習授業校
橋場由佳　クリーブランド補習授業校
藤﨑巴吏秀　イスラマバード日本語クラブ
島田　雪　オタワ補習授業校
大皿ゆな　韓国・ブンダン日本語補習授業校
齋藤多慧　韓国・ブンダン日本語補習授業校
グボズデ アメリア　サンフランシスコ補習授業校（サンノゼ校）
鈴木沙奈　個人応募（アメリカ在住）

《小 四》
田中政宗　ジュネーブ補習授業校

新村舞雪　デュッセルドルフ補習授業校
椙田結人　デュッセルドルフ補習授業校
土渕葵生　デュッセルドルフ補習授業校
神田龍一　ニューヨーク育英学園（全日制）
佐久間まゆ　ニューヨーク育英学園サタデースクール（NJ校）
大沼青雅　オタワ補習授業校
森戸沙耶　個人応募（アメリカ在住）
筱　茉莉紗　カイロ日本人学校
西村怜夏　サンフランシスコ補習授業校

《小五》

澁谷妃那乃　カンタベリー補習授業校
宮城　結　天津日本人学校
臼井仁菜　ブエノスアイレス日本人学校
林　凱倫　ダービーシャー補習授業校
芦谷よつば　サンフランシスコ補習授業校
冨手太一　ドーハ日本人学校
大沼　圭　グロスマン・アカデミー補習授業校
的場結莉子　南インディアナ補習授業校

《小六》

ラートゥオリヴィア 野枝美　デュッセルドルフ補習授業校
ヒルガース アンネマリー 柚香　デュッセルドルフ補習授業校
シュライトホッフ 路加　デュッセルドルフ補習授業校
主濱凜々花　デュッセルドルフ補習授業校

永井玲菜　ニュージャージー補習授業校
太田愛子　ロンドン補習授業校
佐久田七海　サンパウロ日本人学校
クワジオ 大志 ウィリアム　アビジャン補習授業校

《中一》

沖　瑠海花　個人応募（アメリカ在住）
前田さく良　カラチ日本人学校
野田彩夏　シラチャ日本人学校
秋吉隼人　ダービーシャー補習授業校
藤本逢里　アブダビ日本人学校

《中二》

野田ゆず香　広州日本人学校
小田島誠慈　デュッセルドルフ日本人学校
漆谷詩乃　バンクーバー補習授業校
寺西あん　キャンベラ補習授業校
永井良太　ニュージャージー補習授業校

《中三》

高橋慧大　ニューヨーク育英学園サタデースクール（ポートワシントン校）
中嶋　累　デュッセルドルフ補習授業校
アタシュ ムハメット ジャン　デュッセルドルフ補習授業校
松井小夏　シラチャ日本人学校
若月恵奈　ロンドン日本人学校

第43回 海外子女文芸作品コンクール「応募点数内訳」

部門	学校種別	学年別応募点数内訳									合計
		小1	小2	小3	小4	小5	小6	中1	中2	中3	
詩	全日校	73	205	63	33	16	12	170	10	26	608
	補習校	41	152	198	135	93	59	197	67	35	977
	個人他	40	47	19	18	29	14	14	3	1	185
	小計	154	404	280	186	138	85	381	80	62	1,770
短歌	全日校	46	68	77	360	44	989	165	520	101	2,370
	補習校	42	44	256	321	217	881	246	480	146	2,633
	個人他	22	37	31	60	32	60	49	29	32	352
	小計	110	149	364	741	293	1,930	460	1,029	279	5,355
俳句	全日校	172	158	1,167	1,109	1,587	526	379	250	495	5,843
	補習校	222	394	1,136	1,192	1,571	955	784	456	673	7,383
	個人他	212	178	181	146	202	132	86	47	82	1,266
	小計	606	730	2,484	2,447	3,360	1,613	1,249	753	1,250	14,492
作文	全日校	59	145	82	74	67	110	50	52	56	695
	補習校	48	182	191	189	119	138	73	90	107	1,137
	個人他	13	87	92	75	60	58	14	20	13	432
	小計	120	414	365	338	246	306	137	162	176	2,264
合計	全日校	350	576	1,389	1,576	1,714	1,637	764	832	678	9,516
	補習校	353	772	1,781	1,837	2,000	2,033	1,300	1,093	961	12,130
	個人他	287	349	323	299	323	264	163	99	128	2,235
	小計	990	1,697	3,493	3,712	4,037	3,934	2,227	2,024	1,767	23,881

第43回 海外子女文芸作品コンクール「各賞選出数」

部門＼賞	文部科学大臣賞	海外子女教育振興財団会長賞	後援・協賛者賞	特選	優秀	佳作	合計
詩	1	1	6	6	26	60	100
短歌	1	1	6	6	18	39	71
俳句	1	1	6	6	56	128	198
作文	1	1	6	6	43	70	127
合計	4	4	24	24	143	297	496

《後援・協賛者賞の内訳》
1.日本放送協会賞　2.JFE21世紀財団賞　3.東京海上日動火災保険賞　4.日販アイ・ピー・エス賞
5.日本児童教育振興財団賞　6.クラーク記念国際高等学校賞

サイパン補習授業校
サンクトペテルブルク補習授業校
サンジェルマン・アン・レイ補習授業校
サンディエゴ補習授業校
サンフランシスコ補習授業校
シアトル補習授業校
シカゴ補習授業校
シドニー補習授業校
シャーロット補習授業校
ジュネーブ補習授業校
シンガポール補習授業校
シンシナティ補習授業校
ストックホルム補習授業校
成都補習授業校
セントラルケンタッキー補習授業校
セントルイス補習授業校
ダービーシャー補習授業校
台北補習授業校
ダラス補習授業校
チェンナイ補習授業校（準全日制）
チェンマイ日本人補習授業校
チューリッヒ補習授業校
チュニス補習授業校
ティルブルグ補習授業校
デトロイト補習授業校
デュッセルドルフ補習授業校
テルフォード補習授業校
トゥールーズ補習授業校
トリド補習授業校
トリノ補習授業校
トロント補習授業校
西大和学園カリフォルニア校（補習授業校）アーバイン校
西大和学園補習校
ニュージャージー補習授業校
ニューポートニュース補習授業校
ニューヨーク補習授業校
ニュルンベルク補習授業校
ノースミシシッピー補習授業校
ノールパドカレー補習授業校
パース補習授業校
バーミングハム補習授業校
ハイデルベルク補習授業校
バトンルージュ補習授業校
ハリファックス補習授業校
バルセロナ補習授業校
バンクーバー補習授業校
ピッツバーグ補習授業校
ヒューストン補習授業校
フィレンツェ補習授業校
プノンペン補習授業校
フランクフルト補習授業校
プリンストン補習授業校
ペナン補習授業校
ペラ補習授業校
ベルリン中央学園補習授業校
ベルリン補習授業校
ポート・オブ・サクラメント補習授業校
ポートランド補習授業校
北東イングランド補習授業校
ボストン補習授業校
ボルドー補習授業校
香港補習授業校
ボン補習授業校
マーストリヒト補習授業校
マイアミ補習授業校
マッカーレン補習授業校
マドリッド補習授業校
マンチェスター補習授業校
南インディアナ補習授業校
ミネアポリス補習授業校
ミネソタ補習授業校
ミュンヘン補習授業校
メルボルン補習授業校
モンテレー補習授業校
モンペリエ補習授業校
ヨークシャーハンバーサイド補習授業校
ラスベガス補習授業校
リスボン補習授業校
ルクセンブルグ補習授業校
ロサンゼルス補習授業校（オレンジ校）
ロサンゼルス補習授業校（サンゲーブル校）
ロサンゼルス補習授業校（サンタモニカ校）
ロサンゼルス補習授業校（トーランス校）
ロンドン補習授業校
ワイタケレ補習授業校
ワシントン補習授業校

◆私立在外教育施設等（17校）

イスラマバード日本語クラブ
インターナショナル・スクール・オブ・パリ
おひさま日本語教室
韓国・ブンダン日本語補習授業校
サンジョゼフ校　日本セクション
STUDIO.S 日本語教室
DSC International School
西大和学園カリフォルニア校
ニューヨーク育英学園（全日制）
ニューヨーク育英学園アフタースクール
ニューヨーク育英学園サタデースクール(NJ校)
ニューヨーク育英学園サタデースクール（ポートワシントン校）
ニューヨーク育英学園サタデースクール（マンハッタン校）
ニューヨーク育英学園サンデースクール
ニューヨーク育英学園フレンズアカデミー
ボストンインターナショナルスクール
MUSUBI オンライン日本語教室

＊配列は五十音順。

第43回 海外子女文芸作品コンクール「応募校」一覧

◆日本人学校（57校）

アスンシオン日本人学校
アブダビ日本人学校
アムステルダム日本人学校
イスタンブル日本人学校
イスラマバード日本人学校
ウィーン日本人学校
カイロ日本人学校
カラチ日本人学校
グアナファト日本人学校
クアラルンプール日本人学校
広州日本人学校
コロンボ日本人学校
サンパウロ日本人学校
サンホセ日本人学校
シカゴ日本人学校
ジッダ日本人学校
ジャカルタ日本人学校
上海日本人学校（浦東校）
シラチャ日本人学校
シンガポール日本人学校小学部クレメンティ校
深圳日本人学校
ソウル日本人学校
大連日本人学校
高雄日本人学校
ダッカ日本人学校
チカラン日本人学校
青島日本人学校
テヘラン日本人学校
デュッセルドルフ日本人学校
天津日本人学校
ドーハ日本人学校
ナイロビ日本人学校
ニューデリー日本人学校
ニューヨーク日本人学校
パース日本人学校
パナマ日本人学校
ハノイ日本人学校
パリ日本人学校
バルセロナ日本人学校
バンドン日本人学校
ブエノスアイレス日本人学校
ブカレスト日本人学校
釜山日本人学校
プノンペン日本人学校
ペナン日本人学校
ベルリン日本人学校
ホーチミン日本人学校
香港日本人学校大埔校
マナウス日本人学校
ミュンヘン日本人学校
メキシコ日本人学校
ヤンゴン日本人学校
リオ・デ・ジャネイロ日本人学校
リマ日本人学校
ローマ日本人学校
ロッテルダム日本人学校
ロンドン日本人学校

◆補習授業校（123校）

アクラ補習授業校
アデレード日本語補習授業校
アトランタ補習授業校
アビジャン補習授業校
アムステルダム補習授業校
アリゾナ学園補習授業校
イーストテネシー補習授業校
イスタンブル補習授業校
インディアナ補習授業校
ウィーン補習授業校
ウェールズ補習授業校
ウェリントン補習授業校
エドモントン補習授業校
オークランド補習授業校
オースチン補習授業校
オーランド補習授業校
オスロ補習授業校
オタワ補習授業校
オマハ補習授業校
カルガリー補習授業校
カンタベリー補習授業校
キト補習授業校
キャンベラ補習授業校
グアダラハラ補習授業校（準全日制）
グアム補習授業校
クイーンズランド補習授業校（ゴールドコースト校）
クイーンズランド補習授業校（ブリスベン校）
グランドラピッズ日本語補習校
クリーブランド補習授業校
クルブヴォワ・ラデファンス補習授業校
グレータールイビル補習授業校
グロスマン・アカデミー補習授業校
ケルン補習授業校
ケレタロ補習授業校
ケント補習授業校
コロンバス（GA）補習授業校
コロンバス（OH）補習授業校

▼編集後記

今年度も新型コロナウイルスの影響が残る中、作品をご応募いただいた皆様、ご指導及び作品のとりまとめにご尽力いただいた学校の皆様に、深く御礼申し上げます。また、様々な事情により応募できずに残念であった旨の声も聞こえてきました。次年度以降、そういった声を少なくしていけるように取り組んでまいります。

各部門における作品の特徴などは審査員の皆様による素晴らしい総評を既にお読みいただいたかと存じますので、事務局の立場として振り返ります。

＊

海外の子どもたちは学校でパソコンやタブレットなどの端末を使うことが非常に多く、また、大人も「横書き」かつキーボードなどの「手書き以外」で文章を作成することが増えました。私自身も「手書き」をしていると「ひらがな」の書き順さえ乱れていることに気づき、愕然とすることがありました。

本書ではデータ化していますが、応募作品は子どもたちの「手書き」かつ「縦書き」で送られてきます。当財団のように日頃より海外・帰国子女のサポートを行っていても、子どもたちの「手書き」の作品を見る機会は非常に貴重なことです。作品を読んでいると、子どもたちが「丁寧な字」で書こうとしていることが伝わってきます。特に受賞作品は非常に「綺麗な字」で書かれていて、目を見張るものがありました。

日本語に接する時間がどうしても減ってしまう海外にて、これは子どもたちの並々ならぬ努力が必要です。また、学校の先生並びに保護者の皆様による「教育の賜物」でもあります。そういったことに思いを馳せつつ改めて本書をお読みいただけましたら幸いです。

また、直筆ならではの「苦労の跡」や、「行間だけではない」子どもたちの様々な思いを感じられる本コンクールは、事務局にとって非常に楽しみにしているイベントです。

次年度以降も引き続き本コンクール及び本書を製作していきたく存じますので、皆様のご協力のほど、よろしくお願いいたします。

（講座・研修・コンクール事務局）

地球に学ぶ　第43回　海外子女文芸作品コンクール

発行日　令和四（二〇二二）年十二月十五日

発行所　公益財団法人　海外子女教育振興財団
〒105-0002東京都港区愛宕一-三-四愛宕東洋ビル六階
☎〇三（四三三〇）一三四一

編集・制作　エ・デュース（E・Duce）
本文カット　ココア・スタジオ（Cocoa Studio）
印刷・製本　タナカ印刷株式会社